U0508549

桥梁检测理论与加固设计研究

向勇 刘光伟 杨艇艇 著

吉林科学技术出版社

图书在版编目（ＣＩＰ）数据

桥梁检测理论与加固设计研究 / 向勇，刘光伟，杨
艇艇著. -- 长春：吉林科学技术出版社，2023.6

ISBN 978-7-5744-0383-3

Ⅰ.①桥… Ⅱ.①向…②刘…③杨… Ⅲ.①桥梁结
构—检测—研究②桥梁结构—加固—研究 Ⅳ.①U443

中国国家版本馆 CIP 数据核字(2023)第 087039 号

桥梁检测理论与加固设计研究

著　　　向　勇　刘光伟　杨艇艇
出 版 人　宛　霞
责任编辑　杨雪梅
封面设计　山东天之诚文化传播有限公司
制　　版　山东天之诚文化传播有限公司
幅面尺寸　185mm×260mm
开　　本　16
字　　数　200 千字
印　　张　15.5
印　　数　1-1500 册
版　　次　2023年6月第1版
印　　次　2024年1月第1次印刷

出　　版　吉林科学技术出版社
发　　行　吉林科学技术出版社
地　　址　长春市福祉大路5788号
邮　　编　130118
发行部电话/传真　0431-81629529 81629530 81629531
　　　　　　　　　　81629532 81629533 81629534
储运部电话　0431-86059116
编辑部电话　0431-81629518
印　　刷　廊坊市印艺阁数字科技有限公司

书　　号　ISBN 978-7-5744-0383-3
定　　价　90.00元

作者简介

向勇（北京市建设工程质量第三检测所有限责任公司），1987 年生人，男，重庆市云阳县人，高级工程师/分公司副总经理、总工程师，2012 年 6 月毕业于重庆交通大学建筑与土木工程专业，硕士研究生，现主要从事桥梁、隧道等结构设计咨询、检测监测、加固等方面的研究，先后参与多项省市级科研项目，参编多项行业规范、标准，取得 5 项专利证书，在国内外学术刊物发表中文核心期刊论文等 10 余篇。

刘光伟（重庆市建筑科学研究院有限公司），1976 年生人，男，四川省射洪市人，高级工程师，2006 年 7 月毕业于重庆大学结构工程专业，硕士研究生，现主要从事工程结构检测、设计及项目管理方面的研究，在国内学术刊物发表多篇论文。

杨艇艇（重庆市建筑科学研究院有限公司），1986 年生人，女，山东省威海市人，高级工程师，2012 年 6 月毕业于重庆交通大学建筑与土木工程专业，硕士研究生，现主要从事桥梁及建筑结构检测、荷载试验和结构加固设计方面的研究，先后参与多项重点项目，参编 1 项建筑结构施工图集，取得 2 项专利证书，在国内学术刊物发表多篇论文。

前　言

桥梁在整个交通运输中发挥着纽带作用，它不仅是交通运输业的重要组成部分，更是交通运输业的咽喉。桥梁，作为人造结构物，客观上也存在其"生、老、病、死"的生命过程。桥梁由于其自身和外界的原因，其结构的可靠度和安全性会逐渐降低，使得桥梁的承载能力不足，不能正常使用，甚至出现桥毁人亡。要想保证桥梁结构的安全性，使其在使用过程中发挥最大的经济效益，就需要对桥梁结构进行科学的检测和合理的评估，对桥梁进行及时的维修和加固。因此，桥梁养护管理技术长期以来都是国际桥梁界关注的热点问题。

20世纪后期，随着我国交通事业的不断发展，桥梁建设已成为不可缺少的部分，至今我国公路桥梁已建总数达96余万座。而大部分桥梁在其建成使用20或30年后，其耐久性、安全性、承载能力都会出现一定程度的降低，那么如何控制桥梁结构的安全性和耐久性，使其承载能力满足实际使用的需要，成为我国桥梁检测和加固的重要任务。同时，这些任务也日趋艰巨，随着我国交通运输业的不断发展，桥梁使用的时间不断增加，对桥梁结构的安全性检测、评估、维修和加固等提出了更加严格的要求。特别是进入21世纪后，我国更是加大了对桥梁检测和加固技术的支持力度，这不仅有利于我国桥梁养护和管理体制的健全，更是为桥梁安全使用提供了坚强的后盾，对道路网络的畅通起到了关键性作用。

在改革开放的步伐中，随着公路桥梁建设高速发展期的到来，我国建造了大量的现代桥梁，但在使用上，不少桥梁在不同程度上都存在着耐久性与安全性方面的隐患。如果要拆除重建那些技术状况不佳的桥梁，不仅会消耗大量资金和人力，还要花费较长工期。一般情况下，桥梁检测和加固费用约占整个新桥建设费用的十分之一到二十分之一，考虑到桥梁检测和加固的经济性以及能够保证快速恢复桥梁正常通行的优势，旧桥的加固和维修便显得尤为重要。因此，既能满足桥梁正常营运的需要，同时又能够延长其使用年限，利用科学可靠的技术对旧桥加固改造，已经成为世界各国常用的做法。基于以上原因，现有桥梁的改造加固应如何有效地进行，在今后相当长的一段时间内将成为我国公路桥梁建设面临的一项紧迫任务，对此进行相关研究与分析具有很重要的工程意义。

在写作过程中，作者参阅了大量的相关资料，对相关文献的作者，在此表示感谢。由于写作时间仓促，书中难免存在不妥之处，敬请各位专家、学者、读者朋友们批评指正。

目 录

第一章 桥梁检测理论概述

第一节 桥梁检测概述

一、桥梁检测与维修加固的意义

在科学技术发展中，科学试验起着非常重要的作用。从土木工程设计计算理论的演变历史来看，每一种理论体系和发展，一般都和大量的科学试验、生产实践密切相关。试验研究在推动和发展结构设计计算理论、解决生产实践中出现的疑难问题等方面起到重要的作用。

在桥梁工程的发展中，桥梁试验也起到了同样重要的作用。大量的研究成为促进桥梁结构设计计算理论、设计方法不断发展的推动力之一。桥梁试验是对桥梁原型结构或桥梁模型结构直接进行的科学试验，包括试验准备、理论计算、现场试验、分析整理等一系列工作。桥梁原型试验也称之为桥梁检测，其目的是通过试验，掌握桥梁结构在试验荷载作用下的实际工作状态，判定桥梁结构的承载能力和使用性能，检验设计与施工质量。桥梁模型试验的目的是研究结构的受力行为，探索结构的内在规律，为设计施工服务。随着交通产业的蓬勃发展，新结构、新材料、新工艺的不断涌现，桥梁检测试验技术备受青睐，并不断得到发展和提高。

桥梁试验的任务主要包括以下几个方面：

（1）确定新建桥梁结构的承载能力和使用性能。对于重要的桥梁结构，在建成竣工后，需要通过桥梁检测考察该桥梁的施工质量与结构性能，判定桥梁结构的实际承载能力，为竣工验收、投入运营提供科学的依据。对于新型或复杂的桥梁结构，通过系统的桥梁静动载试验或长期监测，可以掌握结构在荷载作用下的实际受力状态，探索结构受力的一般规律，为充实和发展桥梁结构设计理论积累资料。

（2）评估既有桥梁的使用性能与承载能力。对于既有桥梁结构在运营期间，因受水灾、地震等自然灾害而损伤，或因设计施工不当而产生严重缺陷，或因使用荷载大幅度增长、严重超过设计荷载等级，通常通过桥梁检测来评估其使用性能与承载能力，为其养护、加固、改建或限载提供科学的依据。这对于缺乏完整技术资料的既有桥梁非常必要。

（3）研究结构（构件）的受力行为，总结结构受力行为的一般规律。随着桥梁工程的不断发展，新结构、新材料、新工艺的推广应用，原有的规范、规程往往不能适应工程实践的要求，为了修改、完善既有的规范、规程，指导设计与施工，需要大量的研究性试验。

在实践工作中，桥梁试验的种类很多，按照试验的目的与要求分类，可分为科学研究性试验和生产鉴定性试验。研究性试验的目的是建立或验证结构设计计算理论和经验公式，或验证某一结构理论体系中的科学假设判定的可靠性。研究性试验一般把对结构件的主要影响因素作为试验参数，试验结构的设计与数量均应根据具体研究目的的需要确定。根据实际情况，研究性试验一般多采用模型结构，在专门的实验室内进行，利用特定的加载装置，以消除或减少外界因素的干扰，同时突出主要的影响因素。通过系统的模型试验，对测试资料数据加以分析论证，从而揭示出具有普遍意义的规律。生产鉴定性试验也称为桥梁检测，具有直接服务于生产实践的意义，一般以原型结构作为试验对象，在现场进行试验，根据一定的规范、标准的要求，按照有关设计文件，通过试验来确定结构的实际承载能力、实用性能和使用条件，检验设计、施工质量，提出桥梁养护、加固、改建、限载对策，有效的保护桥梁结构的安全使用。桥梁检测包括静载试验、动载试验、无损检测与长期监控测试四个方面。在桥梁试验中，原型试验存在费用高、期限长、测试环境多变等不利影响因素，如对一些大型桥梁进行多因素的研究性试验，有时候是难以实现的。因此，结合原型桥梁进行模型试验往往成为科技工作者的一种有效手段，可以更方便全面地研究主要影响因素之间的关系，探索结构行为的普遍规律，推动新结构、新材料、新工艺的发展与应用。

根据试验荷载作用的性质，桥梁试验可分为静荷载试验和动荷载试验。桥梁静荷载试验是将静止的荷载作用在桥梁上指定位置而测试结构的静力位移、静力应变、裂缝等参量，从而推断桥梁结构在荷载作用下的工作性能及使用性能。桥梁动载试验是利用某种激振方法激起桥梁结构的振动，测定桥梁结构的固有频率、阻尼比、振型、动力冲击系数、行车响应等参量，从而判断桥梁结构的整体刚度与行车性能。静载试验与动载试验虽然在试验目的、测试内容等方面不同，是两种性质的试验，但对于全面分析掌握桥梁结构的工作性能是同等重要的。

就试验对结构产生的后果来说，桥梁试验可分为破坏性试验和非破坏性试验。一般情况下，原型结构的破坏性试验，不论在费用上还是在方法上都存在一些具体的问题，特别是在结构进入破坏阶段后试验比较困难，因此，鉴定性试验多为非破坏性试验。但在某些情况下，为了达到预定的试验目的，往往需要进行破坏性试验，以掌握试验结构由弹性阶段进入塑性阶段甚至破坏阶段时的结构行为、破坏形态等试验资料，此时多以模型结构为对象，在试验室内进行，以便能够方便可行地进行加载、控制、量测、分析，从而总结出具有普遍意义的规律，推广应用于原型结构。

按试验持续的长短，可分为长期试验和短期试验。鉴定性试验与一般性的研究试验多采用短期试验方法，只有那些必须进行长期观测的影响因素，如混凝土结构的收缩和徐变性能、桥梁基础的沉降等，才采用长期试验方法。此外，对于大型桥梁结构或新型桥梁结构常常采用长期观测或组织定期检测，以积累这些结构长期使用性能的资料。

总之，结合具体的试验目的及时间情况，可选用一种或几种试验方法来检测桥梁结构的性能。在选择时应力求节约成本，一般能用模型代替的，就不搞大规模的原型试验，通过非破坏性试验可以达到试验的目的，就不做破坏性试验。

在桥梁使用过程中，由于自然界各种因素的影响、荷载的反复作用特别是超载车辆的作用，桥梁结构会产生各种损伤或局部破坏。随着桥梁服役时间的增长，损伤也会越来越严重，为保障桥梁的安全运营，延长其使用寿命，就要在检测评估的基础上，对于那些承载能力不足、使用性能较差或耐久性能不能满足要求的结构或构件，进行有针对性的维修加固。桥梁维修加固可分为一般性维修和结构性加固。一般性维修如桥面铺装层的维修、油漆涂装更新、裂缝封闭与灌浆处理、支座更换等是桥梁养护的日常内容，按维修规模又可分为小修、中修、大修，其主要目的是保证桥梁结构的使用性能或耐久性不受大的影响。结构性加固如提高地基基础承载力和上部结构承载能力等，以弥补桥梁结构先天缺陷、灾后桥梁结构承载力恢复或满足新的使用条件下的功能要求。桥梁加固涉及的内容十分广泛，包含了桥梁实际情况的检测鉴定、加固理论与加固技术，以及加固方案的比较选择与投资效益的优化等方面。可以说，桥梁检查检测与桥梁维修加固的关系密不可分，是一个问题的两个方面。

二、桥梁检测与评估的目的

对使用中的桥梁必须按照桥梁养护技术规范中的相关规定进行检测评估，及时掌握桥梁的基本状况，以便采取相应的养护措施。

通过对桥梁实施必要的检测与评价，保证桥梁的安全运营和高效管理，使其在合适的养护下，达到可接受的安全水准。完成设计寿命期的预定功能。通过桥梁检测和评估可获得下列的效益：

（一）掌握桥梁技术现况

实时的检测与评估使桥梁管理人员能够掌握桥梁结构是否损坏或服务功能是否降低，通过分析检测过程中得到的桥梁状况信息，可以及时采取相应的维护措施，消除危害桥梁的因素，提高桥梁的运营安全度和服役年限，保障公共运输安全。

较深程度的检测可以提供构件及材料的退化程度信息，包括退化形成的原因与退化对桥梁构件的影响程度，达到跟踪结构与材料的使用性能变化的目的，并使桥梁维护计划更具针对性，效率更高，降低维修成本。

（二）提供养护管理依据

桥梁由于营运使用多年，主要部位出现裂缝、错位、沉降等缺陷，通过检测评定确定桥梁各部损坏的程度及实际承载能力，为桥梁的养护及维修加固提供必要的依据；通过检测评估可以了解车辆和交通量的改变给桥梁运营带来的影响。原来按旧标准规定的荷载等级设计建造的桥梁，需要根据检测评估结果，确定现有桥梁的承载能力，以采取相应的管理维护措施，如限载或加固、提级等。

随着现代化工业建设的发展，特大型工业设备、集装箱运输逐渐频繁，超重车辆过桥需要通过检测评估，确定过桥可行性，并为临时加固提供技术资料。

桥梁遭受特大灾害时，如因地震、洪水等而受到严重损坏或在建造、使用过程中发生严重缺陷等（如质量事故、过度的变形和严重裂缝及意外的撞击受损断裂等），需通过检测评估为桥梁的修复加固提供可靠依据。

（三）积累桥梁信息数据

建立桥梁信息管理系统，桥梁检查可以系统地收集、积累桥梁技术资料，建立动态数据库，为桥梁管理与评定提供第一手数据，检测数据是桥梁管理信息系统中数据库的主要信息来源，以此作为结构状态评估的基本依据，并为桥梁构件和桥跨的退化分析提供客观的数据，进而为管理人员决策提供必要的数据支持。桥梁检测和评估数据信息的积累，是顺应现代化信息管理的需要，是桥梁信息管理系统的基础和关键步骤。

（四）发展桥梁设计、养护及管理理论

通过检测评估，给设计、养护及管理等部门提供反馈信息，推动养护工作的规范化与科学化，减少桥梁生命周期维护费用，检验桥梁结构的质量，反馈信息确保新建工程的可靠度，推动和发展旧桥评定及新结构的设计计算理论。

三、桥梁检测与评估工作内容

桥梁的检测与评估工作应包括下列内容：

（1）记录桥梁当前状况；

（2）了解车辆和交通量的改变给设施运行带来的影响；

（3）跟踪结构与材料的使用性能变化；

（4）为桥梁状态评估提供相关信息；

（5）建立桥梁结构性能数据记录；

（6）为养护、设计与建设等部门提供反馈信息。

四、桥梁检测分类

桥梁检测作业，依检测时机、详细程度、检测方法的不同，有各种不同分类，具体如下。

（一）按程度分类

（1）一般检测：仅以目测或以简单的量测器具检测。

（2）详细检测：一般检测结果，无法充分评估桥梁构件的退化，必须进行更详细的检测，需特殊仪器及专业人员。

（二）按时机分类

（1）常规性检测：平时实施的桥梁异常状况及损伤检测。以对行人造成影响，需紧急维修的异常状况、损伤为检测重点。

（2）定期检测：定时对桥梁所有构件实施的全面检测，以及确认经常检测记录的桥梁异常状况、损伤。

（3）特殊检测：发生天灾（如台风、暴雨、地震造成的水灾及震灾）或人祸（如火灾或人为破坏）后，可能损伤桥梁结构所做的不定期检测。

（三）按方法分类

（1）非破坏性检测：检测时，不造成桥梁结构体损坏的检测方法。一般以目测或以声、光、电、磁等媒介进行间接的检测。

（2）破坏性检测：对桥体结构进行局部的破坏，以获取必要的检测资料，如钻芯取样检测。

五、桥梁检测内容

桥梁检测的工作内容较多，涉及很多方面。一般来说，桥梁检测可分为成桥前和成桥后两个阶段。

（一）成桥前阶段

（1）桥位放样。

（2）钢材原材料。

（3）钢结构连接性能试验。

（4）预应力锚具、夹具和连接器试验。

（5）水泥性能试验。

（6）混凝土粗细集料试验。

（7）混凝土配合比试验。

（8）砌体材料性能试验。

（9）桥台背墙回填土压实标准试验。

（10）其他成品、半成品试验检测。

（11）地基承载力检测。

（12）基础位置、尺寸和标高检测。

（13）钢筋位置、尺寸和标高检测。

（14）钢筋加工检测。

（15）混凝土强度抽样检测。

（16）砂浆强度抽样检测。

（17）桩基检测。

（18）墩台位置、尺寸和标高检测。

（19）上部结构（构件）位置、尺寸检测。

（20）预制构件张拉、运输和安装强度控制试验。

（21）预应力张拉控制检测。

（22）桥梁上部结构标高、变形、内力（应力）监测。

（23）支架内力、变形和稳定性检测。

（24）钢结构连接加工检测。

（25）钢结构防护涂装检测。

（二）成桥后阶段

（1）主要几何尺寸和轴线线性检测。

（2）结构表观状况及各类病害检测。

（3）混凝土强度检测。

（4）混凝土碳化深度检测。

（5）钢筋位置及混凝土保护层厚度检测。

（6）混凝土缺陷检测。

（7）桥梁使用性能监测。

（8）桥梁静载试验。

（9）桥梁动载试验。

六、常用仪器设备与标准

（一）检测设备

检测所需的设备和技术将随检测类型、性质和结构形式有所不同。桥梁检测设备包括两类：检测辅助设备（到达被检查构件的设备）和检测工具设备。

1.检测辅助设备

桥梁某些区域，不易到达检测，尤其高架立交的梁底、斜拉桥拉索或跨越河流的桥梁，为能接近构件检测，使检测结果更精确翔实，必须借助某些辅助设备到达构件。城市桥梁检测常用的检测辅助设备主要有高空检测车、桥梁检测车、移动检测桁车及桥下检测船等。

（1）爬梯、升降梯或吊索：梯子包括一般的木质或铝质梯子、电动升降机，主要用于检测较高的桥梁构件，如桥塔；吊索配合牵引设备可用于高墩的检测，吊索可单独使用，也可结合简易工作平台。

（2）索缆检测篮：主要用于斜拉桥拉索检测和维修，在牵引设备牵引下，爬缆车行走于斜拉索上，可乘坐两人。

（3）移动检测桁车：一般位于桥梁的主梁底部或下承式桁架桥的顶部，可承载多名检测人员和检测及维修工具。

（4）桥下检测船或临时充气橡皮筏：跨越河道的桥梁往往需要借助船只才能到达梁底。进行相关的检测；对于通航的河流，可以租借航道部门的船只作为检测船，对于常规船只无法到达的小河浜，可携带临时充气橡皮筏，到现场后展开橡皮筏，检测结束后收起带走。

（5）高空检测车：车上装设活动折臂，折臂末端设置桶斗搭载检测人员。检测时，高空工作车行驶到被检测桥梁的下面道路上，利用工作车的移动及举高活动折臂，使检测员接近桥梁构件。一般用于检测跨线桥或较低的高架桥。

（6）桥梁检测车：一般使用于高桥墩的桥梁或跨河道桥梁的检测。检测时，检测车停驻在桥上，活动折臂向下延伸到桥面板下的构件，供检测员近距离检测构件。有两种形式：一种活动折臂末端仅设置桶斗搭载检测员（一般可搭载3人），另一种活动折臂末端设置平台（除可搭载人员外，并可装载工具，可供检测和维修）。

2.检测工具设备

检测时应视检测类型和目的，有选择地携带必要的工具及设备，并于检测出发前做必要的整理或调整。为避免遗漏，立制定"携带工具设备表"，供行动前逐项检视。

经常性检查和常规定期检测工具主要有以下几类：

（1）清洁工具：长柄扫帚、钢刷、刮刀、平头起子、铲子等。

（2）协助目视检测工具：望远镜、手电筒、放大镜、染色剂等。

（3）测量工具：钢卷尺、光标尺、裂缝观测仪、量角器、温度计等。

（4）记录工具：检测报告表、记事本、三角板、照相机（广角、近照、闪光灯）、粉笔或标示笔、标示牌等。

（5）其他设备：润滑油、工作套装（防雨，带胶靴）、医药箱、附工具袋的皮带（装检测工具）等。

结构定期检测和特殊检测的某些检测内容还需要使用以下的特殊工具设备：

（1）测量仪器：特殊情况下，需使用经纬仪、水准仪、智能全站仪等测量仪器，供精确测量构件的位移、高程、距离和尺寸等。

（2）非破坏性检测仪器：为了解构件内部退化情形，提供构件退化评估，必要时需使用非破坏性检测仪器，包括上面提到的混凝土强度回弹仪、X射线（γ射线或超声波）裂纹探测仪、手提式混凝土钻芯取样机、氯离子测定仪、激光平整度仪、落锤式弯沉仪、路况摄像仪、透地雷达探测仪、测力仪、应变计、位移计、测振仪等。

（3）水中检测设备：当检测水面下墩台、基础冲刷或河道状况时，则需水中检测设备。若河道狭浅，可使用简单的探测方法，如钢筋、标杆等；若河道宽深。则需雇用潜水员，携带必要的设备，如水下相机或摄像机、探测水深设备、无线通话机等设备，协助水中检测。

（二）法律法规和规程规范

为了加强桥梁检测和养护维修管理，确保桥梁的完好、安全和通畅，充分发挥桥梁的功能，国家和地方相关部门颁发了一系列有关桥梁工程的法规、技术标准、设计施工规范和材料试验规程。对于某些采用新结构及新材料、新工艺的桥梁，有关桥梁规范、规程暂无相关规定的，可以借鉴国外或国内其他行业的相关规范、规程的有关规定。

桥梁检测主要涉及的法律法规、规程规范分列如下：

（1）《公路桥涵养护规范》（JTG 5120—2021）。

（2）《公路桥梁技术状况评定标准》（JTG TH21—2011）。

（3）《城市桥梁养护技术标准》（CJJ99—2017）。

（4）《城市桥梁检测与评定技术规范》（CJJT 233—2015）。

（5）《公路桥梁加固设计规范》（JTGT522—2019）。

（6）《公路斜拉桥拉索更换技术规范》。

桥梁经常性检查与定期检测

桥梁按属性可以分为城市桥梁和公路桥梁。

城市桥梁是指城市范围内，修建在河道上的桥梁和道路与道路立交、道路跨越铁路的立交桥及人行天桥。

公路桥梁是指高速公路，国、省、县、乡道上的桥梁。

城市桥梁和公路桥梁在检查和检测等方面内容和方法基本一致，但在管理主体上不同，所参考和依据的规范、标准也不完全一致。本章内容将对城市、公路桥梁进行综合阐述。

七、桥梁经常性检查

（一）定义

经常性检查就是日常的巡检，由经过培训的专职桥梁管理人员或有一定经验的工程技术人员执行，以便随时发现问题，进行维修，它是针对较明显缺陷的检查，检查为桥梁表面的检查，主要对结构异常、桥及其桥区施工作业情况的检查和桥面系、交通标志、限载标志及其他附属设施等的外观情况进行日常巡检。

经常性检查的目的是确保结构功能正常，使结构能得到及时的养护和紧急处置，对需要检修的一些大问题做出报告。该项检查往往使得检查人员有机会在各种天气情况下对桥梁进行观察。

（二）检查周期

日常巡检的周期比较短，一般规定为1~7d巡检一次。根据桥梁养护技术规范的相关规定，按照桥梁的养护等级不同，确定经常性检查的周期，具体如下：

（1）I等养护的桥梁（I~III类养护的桥梁和位于集会中心、繁华地区、重要生产科研区及游览地区附近的IV、V类养护的桥梁）巡检周期不应超过1d，且由专人负责。

（2）II等养护的桥梁（区域集会点、商业区及旅游路线或市区之间的联络线、主要地区或重点企业所在地附近的IV、V类养护的桥梁）巡检周期不宜超过3d。

（3）III等养护的桥梁（V类养护的桥梁及居民区、工业区的主要道路上的桥梁）巡检周期可在7d之内。

（4）对重要桥梁，或遇恶劣天气、汛期、雨季、冰冻等特殊情况，周期宜短，特殊情况可设专人看护或设置。

（三）检查人员及设备

经常性检查应由经过培训的专职桥梁管理人员或有一定经验的工程技术人员负责。

桥梁养护管理单位应设置专职桥梁管理人员，负责日常的检查工作。

未设置专职桥梁管理人员的桥梁养护管理单位应由有桥梁施工或养护管理经验的工程技术人员负责日常巡检。经常性检查携带的工具设备如表1-1所示。

表 1-1 经常性检查携带工具设备表

检测类型	携带工具设备	数量	已准备	备注
经常性检查	长柄扫帚、钢刷、刮刀、平头起子、铲子			
	手电（防洪、防雨灯）			
	工作套装（防雨，带胶靴）			
	钢卷尺（5~30m）			
	检测报告表			
	粉笔、标示笔			

（四）检查内容

经常性检查以目测为主，主要检查项目如表 1-2 所示。

检查人员根据检查，现场填写《桥梁日常巡检日报表》，登记所检查城市桥梁的缺损类型、维修工程量，提出相应的养护措施。

（五）注意事项

日常巡查时应注意以下事项：

（1）日常巡查前，应由桥梁管理信息系统或人工制定当天要巡查的桥梁及巡查路线。

（2）巡查时，对中小跨径桥梁应不少于 15min，所有规定项目均要逐一仔细检查。

（3）要求在桥区范围来回两次查看情况，在病害数量统计时，应采用累加方式，有缺陷且要求维修的项目要进行照相，并在桥梁日常巡检日报表的"病害说明"栏中注明相片编号和建议维修措施。

（4）日常性检查中的建议维修分为紧急维修和一般维修，维修处理时间应尽量快，分别为 2d 内和 5d 内。

（5）对一周范围内已提出建议维修的桥梁的相关项目，要求检查是否已经维修，并做记录。

（6）巡检过程中发现设施明显损坏，影响车辆和行人安全，应及时采取相应维护措施，包括现场纠正违章操作、在交警配合下暂时限制交通等，并立即向主管部门报告。

（7）经常性检查记录应每日整理归档，将相关信息数据录入桥梁管理信息系统，要求维修的项目需要提交维修部门限期处理，或在管理信息系统中进行相关的注明，以便系统辅助或自动安排日常维修事项。

（8）定期（如每月）提出经常性检查工作的总结和评价意见，以改进工作效率。

八、定期检测

（一）定义、实施周期及检测人员等

城市桥梁定期检测分为常规定期检测和结构定期检测两个层次。常规定期检测主要针对桥梁结构中常见的缺损及日常养护的实施效果，每年进行一次简易快速的结构技术状况的动态数据采集，并以书面报告及必要的影像资料，对设施的运行状态作出评定，是制订年度养护维修计划的主要依据。常规定期检测应由专职桥梁养护工程技术人员或实践经验丰富的桥梁工程技术人员负责，并应对每座桥梁制订相应的定期检测计划和实施方案。常规定期检测宜以目测为主，并应配备如照相机、裂缝观测仪、探查工具及现场的辅助器材与设备等必要的量测仪器。

结构定期检测的目的是以固定周期对桥梁结构安全进行检测，结构定期检测是评定桥梁结构的状况、结构的性能与承载能力，对桥梁结构状态的所有方面进行详细调查。确认和量化结构的退化程度。认定缺损原因和推荐适当的消除措施，包括养护、维修、加固措施或建议特殊检查。结构定期检测应由相应资质的专业单位承担，制订详细的检测方案并由主管部门审批。检测负责人应具有 5 年以上城市桥梁专业工作经验。结构定期检测周期视桥梁结构养护级别而定。

两种定期检测的具体要求、周期、检测技术和检测人员均有所区别，列于表 1-2。

表 1-2　常规定期检测与结构定期检测

项目	常规定期检测	结构定期检测
定义	主要针对桥梁结构中常见的缺损及日常养护的实施效果 简易快速的结构技术状况的动态数据采集	固定周期对桥梁结构安全进行检测,对桥梁结构状态的所有方面进行详细调查,确认和量化结构的退化程度
功能	制定年度养护维修计划的主要依据 根据结果对城市桥梁进行技术状况评估分级	评定结构的状况、性能和承载能力 寻找已存在的和隐含的缺陷 认定缺损原因和推荐适当的维修措施 制订预防性结构维修计划,建立维修计划的优先次序
计划与方案要求	对每座桥梁制订相应的定期检测计划和实施方案	根据桥龄、交通量、车辆载重、桥梁使用历史、已有技术评定、自然环境及桥梁临时封闭的社会影响制订详细计划 计划应包括采用的测试技术与组织方案 计划应提交主管部门等待批准

周期	每年一次，可根据城市桥梁实际运行状况和结构类型、周边环境等适当增加检测次数 Ⅰ类养护的城市桥梁为至少每年一次	Ⅰ类养护的城市桥梁根据桥梁类型和构件退化模式，确定检测频率，具体见各类大型桥梁的养护指引手册，Ⅱ~Ⅴ类养护的城市桥梁间隔宜 6~10 年，应包括桥梁结构中所有构件，关键部位可设仪器监控测试
检测技术	外观检测为主	外观检测、专门检测技术、材料取样试验
检测人员	专职桥梁养护工程技术人员（具有 5 年以上桥梁养护管理经验、具有工程师资格）执行，实践经验丰富的桥梁工程技术人员（具有 5 年以上桥梁施工、养护维修、管理经验）负责	相应资质的专业单位承担 由具有 5 年以上城市桥梁养护、管理、设计、施工经验的人员执行 检测负责人应具有 5 年以上城市桥梁专业工作经验，具备必需的养护知识

公路桥梁称为定期检查。定期检查周期不得超过 3 年，Ⅰ级不得超过 1 年，Ⅱ、Ⅲ级不得超过 3 年。

公路桥梁养护检查等级应分为Ⅰ、Ⅱ、Ⅲ级，分级标准应符合下列规定：

（1）单孔跨径大于 150m 的特大桥、特别重要桥梁的养护检查等级为Ⅰ级。

（2）单孔跨径小于或等于 150m 的特大桥、大桥，以及高速公路或一、二级公路上的中桥、小桥的养护检查等级为Ⅱ级。

（3）三、四级公路上的中桥、小桥的养护检查等级为Ⅲ级。

（二）材料检测

在结构定期检测中，有时需要测定结构材料的强度，包括混凝土和钢材强度，还有钢筋保护层、碳化、钢筋锈蚀、电阻率、氯离子等。

（三）专项检测

在结构定期检测中，常用的有混凝土的碳化深度测试、混凝土氯离子含量测定、钢筋锈蚀程度测试和钢结构超声波裂纹探测等。

九、检测实施前的准备工作

现场检测工作开始前，首先要完成必要的准备工作，包括获取资料、安排设备等。

（一）获取资料

可从桥梁管理系统或桥梁档案室里获得即将检测的桥梁结构的相关资料和记录，检测人员需要研读以下信息：

（1）桥梁竣工图及相关信息。桥梁结构形式、桥孔数、桥梁类型（简支桥或连续桥或悬臂桥）、桥梁主要构件材料、上部结构的桥面板及主梁的形式、支座形式，下部结构的盖梁与桥墩结构形式、基础形式，以及桥梁建造年份、设计荷载等基本资料，无桥梁竣工图时，可参考桥梁设计图。

（2）检测记录及相关报告。桥梁过去的检测数据和报告，了解构件退化演变情形，可用于分析判断哪些构件检测时需特别注意。

（3）维修记录。了解过去的构件维修情形，可提供维修方式、范围的判断参考。

（4）地质资料。桥墩基础的地质资料，可提供是否需特别注意桥墩基础的沉陷及掏空病害。

（5）水文资料。记载历年河道位置、断面、形状，以及洪水频率、最高洪水位等数据，可供检测河道断面及水位变化，以及分析判断河道保护设施是否妥当，是否尚须加强的参考。

（二）安排设备与准备

为避免现场遗漏检测构件及减少检测现场不必要的重复作业，检测前还应安排好各种设备，如准备好检测表格、记事本及桥梁简图（或构件编号图），安排适当的到达构件的方法及设备（检测车辆或租借船只等），并整理检测工具及设备。

除准备几份空白的检测报告表供记录填写外，也应准备前一次的检测报告，可供本次检测时对比，并可了解本次检测应特别注意检测的构件。

每座桥梁的断面，结构形式不尽相同，故检测前应依桥梁资料绘制该座桥梁简图，简图的绘制应尽量简单清楚、桥梁简图在桥梁信息管理系统中调出打印即可。

检测的专用设备包括到达设备和检测使用工具，要提前联系和确认，根据"携带工具设备表"来选择设备，设备应提前检查，必须保证所有设备是完好可用的，有足够的粉笔、相机电池和其他消耗材料。

十、检测顺序

制定合适的检测顺序可以提高检测的效率，在制订检测计划时应予以考虑。对于单跨桥梁结构，检测顺序为：桥面板以上的上部结构→桥面板以下的上部结构→下部结构→水道；对于多跨桥梁结构，可逐跨进行检测，也可根据检测到达设备或交通组织的便利性，优先进行某专项，如桥面板以上的上部结构。桥梁构件的一般检测顺序如表1-3所示。

表 1-3 桥梁构件的一般检测顺序

桥面板以上的上部结构	桥面板以下的上部结构	下部结构	水道
引道 桥面铺装 伸缩缝 人行道及路缘石 栏杆 排水系统 照明 限载牌等交通设施	桥面板的下表面 支座 主要承重构件（承重构件） 一般承重构件（传力构件） 抗震挡块或抗震销座	桥台 桥墩 盖梁 基础、基桩	河堤及保护构筑物 通航净空 水深 航向指示灯或指示标志

十一、常规定期检测范围及工作内容

（一）常规定期检测范围

常规定期检测应包括下列范围：

（1）桥面系：桥面铺装、桥头搭板、伸缩装置、排水系统、人行道、护栏等。

（2）上部结构：主梁、主桁架、主拱圈、横梁、横向联系、主节点、挂梁、联结件等。

（3）下部结构：支座、盖梁、墩身、台帽、台身、翼墙、锥坡及河床冲刷情况。

（二）常规定期检测工作内容

常规定期检测工作包括下列内容：

（1）对照桥梁资料表和设备量年报表现场校核桥梁的基本静态数据。

（2）不同桥梁类型通常构件的病害特点和表现形式不同，应实地判断病害形式和原因，估计维修范围和方案。

（3）对难以判断其损坏程度和原因的构件，提出做特殊检测的建议。

（4）对损坏严重、危及安全的桥梁，提出限载及暂时限制交通的建议。

（5）根据桥梁技术状况，确定下次检测的时间。

公路桥梁定期检查与城市桥梁常规定期检测内容基本一致，评定方法有所不同，具体可参照《公路桥涵养护规范》。

十二、结构定期检测范围及工作内容

城市桥梁的结构定期检测是在常规定期检测的基础上，按照一定的检测频率对桥梁结构的材料缺损状况等进行检测，必要时，还需进行荷载试验，鉴定桥梁承载能力。

结构定期检测应包括下列内容：

（1）查阅历次检测报告和常规定期检测中提出的建议。

（2）根据常规定期检测中桥梁状况评定结果，进行梁体线形、墩柱沉降及结构构件的检测。

（3）通过材料取样试验确认材料特性、退化程度和退化性质。

（4）对桥梁进行结构检算，包括承载力、稳定性检算和刚度验算。

（5）分析确定退化的原因，以及对结构性能和耐久性的影响。

（6）对可能影响结构正常工作的构件，评价其在下一次检测之前的可能退化情况；如构件在下一次检测之前可能失效，要立即报告桥梁养护管理部门。

（7）检测河道的淤积、冲刷等现象，记录水位。

（8）必要时对桥梁进行荷载试验和分析评估。城市桥梁的荷载试验评估按有关标准进行。

（9）通过综合检测评定，确定具有潜在退化可能或已处于退化状况的桥梁构件，提出相应的养护措施。

十三、结构技术状况评定

（一）城市桥梁

针对不同的养护类别，城市桥梁完好状态等级划分有所不同：

Ⅰ类养护（其分为两个等级）

合格：桥梁结构完好或结构构件有损伤，但不影响桥梁安全。

不合格：桥梁结构构件有损伤，影响桥梁安全。

Ⅱ类-Ⅴ类养护（根据 BCI 分为 5 个等级。）

表 1-4　桥梁完好状况等级

完好状况指数	完好状况等级				
	A 类	B 类	C 类	D 类	E 类
BCI	[90,100]	[80,90)	[66,80)	[50,66)	[0,50)

BCI：桥梁状况系数，用来表征桥梁的完好状态。

因此，Ⅰ类养护的城市桥梁是根据是否有影响桥梁安全的构件损坏直接评定为合格或不合格，Ⅱ类—Ⅴ类养护的城市桥梁根据分层综合法算出 BCI 来评定。

（二）公路桥梁

公路桥梁按分层综合评定与 5 类桥梁单项控制指标相结合的方法进行评定。桥梁总体技术状况评定等级分为 1 类、2 类、3 类、4 类、5 类。

具体评定等级如表 1-5、1-6 所示。

表 1-5　桥梁总体技术状况评定等级

技术状况评定等级	桥梁技术状况描述
1 类	全新状态，功能完好
2 类	有轻微缺损，对桥梁使用功能无影响
3 类	有中等缺损，尚能维持正常使用功能
4 类	主要构件有大的缺损，严重影响桥梁使用功能；或影响承载能力，不能保证正常使用
5 类	主要构件存在严重缺损，不能正常使用，危及桥梁安全，桥梁处于危险状态

表 1-6　桥梁技术状况评定等级

技术状况评分	技术状况等级 Dj				
	1 类	2 类	3 类	4 类	5 类
Dr（SPCI,SBCI,BDCI）	[95,100]	[80,95)	[60,80)	[40,60)	[0,40)

桥梁技术状况评定时，当满足 5 类桥梁技术状况单项控制指标规定的任一情况时，桥梁总体技术状况应评为 5 类。

当上部结构和下部结构技术状况等级为 3 类、桥面系技术状况等级为 4 类，且桥梁总体技术状况评分为 $40 \leqslant Dr < 60$ 时，桥梁总体技术状况等级应评定为 3 类。

全桥总体技术状况等级评定时，当主要部件评分达到 4 类或 5 类且影响桥梁安全时，可按照桥梁主要部件最差的缺损状况评定。

第二节 桥梁特殊检测

一、定义

特殊检测是特殊情况下，如火灾、水灾、地震或事故损伤、或满足管理的特别需求（荷载提级、通行重车等），由专业人员依据一定的物理、化学检测手段，并辅以现场和试验测试等特殊手段，对桥梁及构件进行详细检测和综合分析，其目的是查明桥梁病害原因、破损程度、范围和实际承载能力，确定桥梁或主要构件的技术状态，分析损坏所造成的后果及潜在缺陷可能给结构带来的危险，以便采取相应的技术措施。

特殊检测一般由现场检查和实验室测试分析两大部分组成，包括材料检测、计算分析评估和荷载试验两方面的工作。特殊检测的检测结果应提交书面报告。

二、检测人员资格、检测时机与检测设备

特殊检测应由相应资质的专业单位承担，检测负责人和主要检测人员均应具有城市桥梁专业工程师资格，且具有 5 年以上城市桥梁养护、管理、设计、施工经验。

特殊检测没有固定的检测周期，城市桥梁在下列情况下应进行特殊检测：

（1）遭受洪水冲刷、流冰、漂流物、船舶或车辆撞击、滑坡、地震、风灾、火灾、化学剂腐蚀、车辆荷载超过桥梁限载的车辆通过等造成结构损伤的城市桥梁。

（2）常规定期检测中难以判明是否安全的桥梁。

（3）为提高或达到设计承载等级而需要进行修复加固、改建、扩建的城市桥梁。

（4）超过设计年限，需延长使用的城市桥梁。

（5）常规定期检测中，被评定为不合格级的 I 类养护的城市桥梁和被评定为 D 级或 E 级的 II~V 类养护的城市桥梁。

（6）常规定期检测发现加速退化的桥梁构件需要补充检测的城市桥梁。

除携带定期检测的相关工具和设备外，还应视检测内容，有选择地携带较复杂的工具及设备，如表 1-7 所示。

表 1-7 特殊检测携带工具设备表

检测类型	携带工具设备	数量	已准备	备注
特殊检测	经纬仪			
	水准仪			
	智能全站仪			
	混凝土强度回弹仪			
	超声波裂纹深度探测仪			
	钢筋位置探测仪			
	钢筋保护层仪			
	X 射线设备			
	取芯钻样机			
	氯离子测定仪			

三、检测内容

实施特殊检测前，检测单位应额外进行下列资料的调查研究：①竣工资料；②桥梁结构的主要材料及它们的力学指标；③特殊检测的原因，影响桥梁承载能力的因素；④历次桥梁定期检测和特殊检测报告；⑤历次维修资料；⑥交通量统计资料。

城市桥梁特殊检测应包括下列内容：①现场检查；②实验室测试。

城市桥梁特殊检测的现场检查和试验室测试的主要项目如表1-8所示。

表 1-8 城市桥梁特殊检测的项目

需特殊检查的情况		检查项目				
		洪水	滑坡	地震	超重车辆行驶（改造前）	撞击
（1）在地震、洪水、滑坡、超重车辆行驶、船只或重大漂浮物撞击之后； （2）决定对单一的桥梁进行改造、加固之前	上部	栏杆损坏；桥体位移和落梁损坏，排水设施失效	因桥台推出而压屈及变形	落梁、支座损坏、错位	梁、拱、桥面板裂缝、支座损坏、承载力测定	被撞构件及联系部位破坏、支座破坏
	下部	因冲刷而产生的沉陷和倾斜	桥台推出、胸墙破坏	沉陷、位移、圬工破坏、抗震墩破坏	墩台裂缝沉陷	墩台位移

需特殊检查的情况	检查项目				
	洪水	滑坡	地震	超重车辆行驶（改造前）	撞击
（3）桥梁定期检查难以判明损坏原因，程度及整座桥的技术状况； （4）桥梁技术状况在不合格或 D 级以下的； （5）超过设计年限使用	①结构验算、水文验算②静载、动载试验③用精密仪器对病害进行现场调查和试验分析 混凝土裂缝外观及显微调查、混凝土碳化鉴定、氯化试验、湿度调查、强度测试、结构分析 钢筋位置、锈蚀状态调查 预应力钢筋现状及灌浆管道状况、空隙情况调查 桥面防水层状况调查 桥面铺装状况调查				

四、检测手段与方法

结构材料缺损状况的诊断，应根据材料缺损的类型、位置和检测的要求，选择表面测量、无损检测技术和局部取试样等方法。试样宜在有代表性构件的次要部位获取。检测与评估应依照相应的试验标准进行。

结构整体性能、功能状况评估应根据诊断的构件材料质量状况及其在结构中的实际功能，用计算分析评估结构承载能力。当计算分析评估不满足或难以确定时，用静力荷载方法鉴定结构承载能力。用动力荷载方法测定结构力学性能参数和振动参数。结构检算、荷载试验和评估应符合国家现行有关标准的规定。

五、报告整理与提交

特殊检测报告应包括下列主要内容：

（1）概述、桥梁基本情况、检测组织、时间背景和工作过程。

（2）描述目前桥梁技术状况、试验与检测项目及方法、检测数据与分析结果、桥梁技术状况评价。

（3）阐述检测部位的损坏原因及程度，评定桥梁继续使用的安全性。

（4）提出结构及局部构件的维修、加固或改造的建议方案，提出维护管理措施。

第三节　桥梁检测与评估的内容

一、检测与评估的步骤

对桥梁进行检测与评估，一般可采取如下步骤：

（1）应根据桥梁档案资料和桥梁养护管理系统的检查评定结果，对结构或构件进行计算分析，初步了解桥梁结构或构件的承载能力。

（2）开展桥梁调查与检测工作，根据桥梁或构件的实际检测结果，对分项检测指标做出评价，评定桥梁承载能力。

（3）当根据桥梁检测与检算结果尚不能确定桥梁承载能力时，应进行荷载试验。评定桥梁结构或构件的承载能力及其使用条件。

二、搜集和熟悉桥梁的技术档案

为了对桥梁的技术状况进行科学分析，需要搜集以下一些资料。

（一）桥梁技术档案

桥梁技术档案包括设计文件、施工记录和试验资料等。

（1）设计文件。桥梁原设计计算书、设计施工图纸能使我们对该桥的技术状况有一个全面的了解。

（2）施工记录。施工记录是指隐蔽工程验收资料、施工观测记录、阶段施工质量验收记录、事故记录以及竣工验收资料、施工技术总结等。

（3）试验资料。试验资料是指原材料性能试验报告以及做过的荷载试验报告。

（4）桥梁结构养护与维修记录。桥梁结构养护与维修记录是指桥梁整个运营期间养护和维修的资料、运营情况、结构损伤及破损阶段报告。

（5）桥梁设计、施工、监理验收总结报告。

（二）现行交通量、车辆重量及其发展趋势

除了搜集对桥梁本身有关的资料以外，还要了解和掌握近期通过该桥的车辆流量、类型、载重（特别是最大车辆载重）及今后交通运输发展趋势等，为桥梁承载能力的确定提供切合实际的依据。

（三）环境因素的影响

在搜集上述资料的基础上，还应考虑气候、水流、侵蚀物质、意外灾害、事故等因素对桥梁的影响。

三、对桥梁结构现状的检查

对桥梁结构现状应做周密、细致、准确的检查。检查项目包括以下几个方面的内容。

（一）对桥面系的检查

对桥面系应检查的内容有：

（1）桥面纵、横坡。

（2）桥面铺装的类型与尺寸。

（3）桥面平整度，桥面磨耗及损坏情况。

（4）桥面排水管（槽）有无堵塞、漏水或破损现象。

（5）伸缩缝的构造及破损情况。

（6）人行道、缘石、栏杆有无破损。

（二）对钢筋混凝土与预应力混凝土梁的检查

对钢筋混凝土与预应力混凝土梁应检查的内容有：

（1）主梁、横梁的构造及实际尺寸。

（2）主梁、横梁在平（纵）面的位置，主梁的上拱度有无变化。

（3）主梁混凝土的实际强度。

（4）主梁、横梁混凝土表面有无蜂窝、麻面、剥落、空洞、露筋等情况。

（5）主梁混凝土的开裂及钢筋的锈蚀情况。

（三）对圬工和钢筋混凝土拱桥及拱上建筑的检查

对圬工和钢筋混凝土拱桥及拱上建筑应检查的内容有：

（1）主拱圈的构造及实际尺寸，包括跨径、矢高、拱轴线和断面尺寸等。

（2）主拱圈的圬工材料的实际强度。

（3）主拱圈有无开裂、侵蚀、剥离现象，砌缝填料有无脱落现象。

（4）双曲拱的拱肋与拱波接合处是否脱裂，拱波有否开裂现象。

（5）侧墙与主拱圈有无脱缝，侧墙外表有无开裂或凸起现象。

（6）腹拱（梁）有无开裂或破损，立墙或立柱的上、下端有无脱缝。

（7）横系梁或横隔板与拱肋的连接有无开裂或破损现象。

（8）桁架拱、钢架拱的节点附近及实腹段跨中断面有无开裂情况。

（四）对斜拉桥的检查

（1）拉索是否有钢丝锈蚀、断丝，滑移变位；斜拉索护套内的材料是否出现老化变质；锚固区的损坏情况；斜拉索线形异常情况；全桥拉索索力是否正常。

（2）拉索护套漆膜是否有损坏；护套防护层是否有破损、锈蚀、裂缝；护套上端浆液离析，拉索是否有渗水。

（3）锚具是否存在锚杯积水、锚具内潮湿、防锈油结块、锚具锈蚀等。

（4）拉索减震装置（阻尼器）、上下锚头、护筒等连接件是否锈蚀、松动等；是否存在其他影响拉索传力构件安全、耐久的病害。

（5）索塔混凝土表面是否存在蜂窝麻面、混凝土剥落露筋、裂缝渗水泛碱等病害；索塔基础是否存在冲刷现象。

（6）混凝土主梁是否存在蜂窝麻面、混凝土剥落露筋、剥落掉角、空洞孔洞、裂缝等病害。

（五）对悬索桥的检查

（1）主缆防护表面面漆是否损坏、裂纹、变色起皮或剥落；局部位置是否破损、老化、漏水；主缆线形是否完好；局部缠丝是否外漏、生锈；主缆缠丝是否麻坑、腐蚀、断丝；扶手绳及栏杆是否损坏；主缆是否脱皮、伤痕或腐蚀、坑蚀；涂膜是否出现气泡、裂纹、脱落现象；主缆索力是否正常。

（2）索夹是否有错位、松动、滑移；是否存在裂纹及锈蚀；索夹面漆是否起皮、锈蚀；索夹填料是否老化、局部开裂剥落。

（3）锚杆涂层是否损坏、裂纹、起皮或剥落；锚杆构件是否锈蚀，氧化皮或油漆层是否是否剥落；锚杆是否存在裂纹。

（4）吊索钢丝是否因发生锈蚀而断裂，或镀锌钢丝严重腐蚀有开裂现象；吊索锚头是否破损、松动、锈蚀或者裂缝；吊索端部或减震器部分橡胶是否老化变形，是否有破裂现象；吊索表面是否存在点蚀现象，氧化皮或油漆层因锈蚀而剥离；吊索防护层老化、破损、裂纹或积水；吊索防水渗透装置是否损坏、构件渗水；防护套以及连接处松动或套管顶是否密封；螺栓、钢管护套等构架是否锈蚀、腐蚀；吊索索力是否正常。

（5）索鞍上、下座板是否有相对位移；螺杆、锚栓连接是否松动、脱落；索鞍构件表面是否锈蚀，且氧化皮或油漆层脱落；铆钉锚坑是否有渗漏水，锈蚀；除湿设备等是否正常工作。

（6）索塔是否存在倾斜变形现象或者扭转现象；混凝土是否蜂窝、麻面、剥落露筋、钢筋锈蚀、裂缝等病害；索塔基础是否沉降、冲刷。

（7）钢桁架钢构件是否变形；跨中挠度是否异常；钢构件表面是否有裂缝、锈蚀；涂层是否出现流痕、气泡、白化、膜发黏、针孔、起皱或者皱纹、表面粉化、变色起皮、脱落等缺陷；焊缝是否存在裂缝，构件是否明显变形；铆钉（螺栓）是否损坏、松动或缺失。

（8）锚碇整体是否沉降、水平移位；锚碇是否存在锈蚀、混凝土剥落、裂缝、渗水泛碱等外观病害。

（六）对桥梁支座的检查

对桥梁支座应检查的内容有：

（1）简易支座的油毡是否老化破裂。

（2）钢板支座是否干涩、锈蚀。

（3）摆柱支座各部件的相对位置是否正确，受力是否均匀。

（4）橡胶支座有无老化开裂、变形或脱空现象。

（5）活动支座的伸缩及转动是否灵活。

（6）支撑垫石有无损伤及破碎现象。

（七）对桥梁下部结构的检查

对桥梁下部结构应检查的内容有：

（1）墩台的构造及实际尺寸。

（2）墩台帽、墩台身材料的实际强度。

（3）墩台有无风化、侵蚀、开裂、破损与剥落等现象。

（4）墩台内部有无开裂与空洞。

（5）墩台有无沉降、倾斜或滑移等现象。

（6）基础的结构类型、尺寸、埋深和防护措施是否正确，基础有无冻害、过度冲刷现象。

（八）对桥梁水文及调治结构的检查

对桥梁水文及调治结构应检查的内容有：

（1）现有桥梁所在河段的流量、流速、流向、水面纵坡、水位、通航及漂浮物等情况。

（2）河道的冲刷及变迁情况。

（3）调治结构设置是否合理、坚固，其工作情况是否正常。

（4）锥、溜、护坡有无开裂、隆起、塌陷、坡脚损坏等现象。

（5）桥头引道线型及路肩、边坡、排水沟等状况。

（九）对试验结构裂缝的检查

对试验结构裂缝应检查的内容有：

（1）裂缝分布情况。

（2）裂缝位置、长度、宽度、深度。

（3）绘制裂缝展开图。

四、桥梁结构检算

桥梁结构检算，主要按照交通运输部、住房和城乡建设部颁布的各种桥梁结构的相关规范，依据设计或竣工资料进行，也可根据检测结果对桥梁结构主要控制截面、结构薄弱部位进行检算，评定桥梁结构承载能力及其适用条件，编写桥梁承载能力评定报告。

五、桥梁荷载试验

基于桥梁检测和结构检算结论，通过对桥梁进行荷载试验以获取实测资料，分析评定桥梁承载能力。桥梁荷载试验是对桥梁结构进行直接加载测试的一项科学试验工作。

桥梁荷载试验一般包括静力荷载试验与动力荷载试验两部分。荷载试验应按三个阶段进行，即计划与准备阶段、加载和测试阶段、分析和总结阶段。

荷载试验计划的主要内容包括：

（1）试验目的与任务。

（2）试验准备工作。

（3）加载方案与实施。

（4）观测方案与实施。

（5）加载试验的控制与安全措施。

（6）加载试验资料整理。

（7）试验结果分析与评定。

六、荷载试验的依据

随着改革开放，我国的公路桥梁建设也在不断发展，随着道路桥梁技术等级不断地提高，我国建成了不同结构形式的拱桥、斜拉桥、悬索桥及连续刚构桥等等，不断实现桥梁建设史上的突破。这些技术复杂、科技含量高、施工难度大的大型工程，不仅为我国桥梁建设事业积累了丰富的工程经验，同时也是我国进入世界桥梁技术先进行列的标志。随着大量新桥建造工程的开展，同时也必须高度重视已建桥梁工程的质量维护，而最为直接有效的方法是对其实施质量检测与加固。其中关键的一环就是公路桥梁荷载试验。

公路桥梁荷载试验应以国家和交通运输部颁布的有关公路桥涵的法规、技术标准、设计规范为依据进行，对于某些新结构以及采用新材料、新工艺的桥梁，无相关条款规定时，可以借鉴国外或国内其他行业的相关规范、规程的有关规定。

（一）结构工程涉及的标准和规范

（1）综合基础标准，如《工程结构可靠度设计统一标准》（GB50068—2018），是指导制定专业基础标准的国家统一标准。

（2）专业基础标准，如《公路工程技术标准》（JTG B01—2019）、《公路工程可靠度设计统一标准》（JTG 2120—2020），是指导专业通用标准和专业专用标准的行业统一标准。

（3）专业通用标准。

（4）专业专用标准。

（二）公路桥梁荷载试验涉及的标准和规范

1.专业通用标准

①公路桥涵设计通用规范（JTG D60—2018）；②公路水泥混凝土路面设计规范标准（JTG D40—2018）；③公路钢筋混凝土及预应力混凝土桥涵设计规范（JTG 3362—2018）；④公路桥涵地基与基础设计规范（JTG 3363—2019）；⑤公路钢结构桥梁设计规范（JTG D64—2015）；⑥公路桥梁抗震设计规范（JTG T2231-01—2020）；⑦《公路工程质量检验评定标准》（JTG F80/1—2017）；⑧公路桥梁承载能力检测评定规程（JTG/T J21—2017）。

2.专业专用标准

①公路斜拉桥设计规范（JTG/T 3365-01—2020）；②公路悬索桥设计规范（JTG/T D65-05—2015）；③大跨径公路桥梁抗风设计规范（JTG/T 3360-01—2018）；④交通运输部发布了《公路桥梁抗震设计规范》，作为公路工程行业标准，自2020年9月1日起施行。原《公路桥梁抗震设计细则》同时废止。

第二章 桥梁结构检测技术

旧有桥梁因为材料性能、自然环境、荷载过大的情况影响之下，会导致混凝土存在裂缝问题，钢筋碳化与腐蚀等，再加上重型车辆的影响，导致钢筋结构在运行了一定的时间之后出现结构损坏，极大的威胁了整个项目的运营质量。桥梁和土木结构的基本形式是相同的，所以在进行结构检测中主要是进行损伤状态分析、损伤定位、损伤程度量化和残余寿命预测等方面，可以通过无损检测与结构测试技术来实现，能够充分掌握桥梁的使用性能和效果。

第一节 无损检测技术概论

一、无损检测技术及特点

混凝土结构无损检测技术是建立在现代科学技术基础上的一门应用型技术学科，它以不损坏被检测物体的内部结构、受力性能为前提，应用物理的方法，检测物体内部或表面的物理性能、状态特性以及内部结构，检查物质内部是否存在不连续性（即缺陷），推定混凝土的强度、均匀性、连续性、耐久性等，从而对结构或构件的性能和质量状况做出评定。

与常规的混凝土结构破坏性试验相比，无损检测技术具有如下特点：

（1）不破坏被检测构件，不影响其使用性能，简便快捷。

（2）可在构件上直接进行表层或内部的全面检测，对新建工程和既有结构物都适用。

（3）能够获得破坏试验不能得到的信息，如混凝土内部空洞、疏松、开裂、不均匀、表层烧伤、冻害及化学腐蚀等。

（4）可以同一构件进行连续测试和重复测试，使检测结果有较好的可比性。

（5）测试方法一般快速简便，费用较低。

（6）由于属间接测试，检测结果受许多因素的影响，检测精度和可靠性相对较差。

自 20 世纪 30 年代，人们就开始探索混凝土无损检测技术。1930 年出现了表面压痕法，1948 年瑞士人施密特研制出了回弹仪，1949 年加拿大人莱斯利等运用超声法进行混凝土检测并获得了成功，20 世纪 60 年代罗马尼亚人菲戈瓦洛提出了超声回弹综合法。我国在 20 世纪 50 年代引入了国外的技术和设备，并结合工程应用开展了大量的研究工作，经过几十年的研究和工程应用，我国在无损检测领域也取得了巨大进步和发展，研制了一系列无损检测仪器，制订了有关无损检测技术的规程，同时在工程实践中产生了较好的社会经济效益。

目前，混凝土无损检测技术主要用于构件的强度推定、施工质量检测、结构内部缺陷分析等方面。随着对工程中混凝土质量控制要求的提高，对结构物维护养护的日益重视，以及科学技术的不断进步，无损检测技术在工程建设中将会发挥越来越重要的作用。

二、无损检测方法的分类和基本原理

无损检测技术主要用于混凝土结构强度、均匀性、连续性及其内部钢筋状况等性能指标检测，根据不同的检测目的，大致可以分为以下几类。

（一）混凝土强度的无损检测

在工程实践中，经常需要运用无损检测技术推定混凝土的强度，根据测试原理可分为以下几种方法。

1.非破损法

非破损法检测时不造成混凝土的破损，是以混凝土强度与某些物理量之间的相关关系为基础，测试这些物理量，然后根据相关关系推算被测混凝土的强度。常见的非破损测强方法有：回弹法、超声脉冲法、射线法等。非破损法的特点是不损伤构件、测试方便、费用低廉，但因是间接测量以及混凝土强度与直接测量物理量关系的随机性，其测试结果的可靠性、准确性相对较差。

回弹法属于表面硬度法的一种，其原理是根据混凝土强度与其表面硬度存在内在联系，通过测量混凝土表面硬度，来推定混凝土抗压强度。

超声波法检测混凝土强度的基本原理是依据超声波的传播速度与混凝土弹性性质之间存在相关关系，而混凝土的弹性性质又与其强度之间存在密切关系，通过测试超声波在混凝土中的声速可推定混凝土强度。

射线法是根据 γ 射线在混凝土中的穿透衰减或散射强度推算混凝土的密实度，并据此推定混凝土的强度。此方法由于 γ 射线的防护问题，应用较少。

2.综合法

综合法是采用两种或两种以上的方法进行混凝土强度的无损检测，获取多种物理量，建立混凝土强度与多种物理量之间的综合关系，从而全面、综合地评价其强度。常见的方法有：超声回弹综合法、超声钻芯综合法、超声衰减综合法等，其中超声回弹综合法应用最为广泛。

综合法较单一的无损检测方法具有更高的准确性和可靠性。

（二）混凝土缺陷的无损检测方法

混凝土缺陷是指混凝土内部存在的材质不均匀、不连续、性能参数有明显变异的区域，主要现象有：内部空洞、疏松、桩的断层夹泥、接合面不密实、裂缝、碳化、冻融、化学腐蚀等。即使结构混凝土强度达到设计要求，如果存在这些缺陷也会严重降低结构的整体受力性能，或影响结构的耐久性，存在安全隐患。因此必须应用无损检测技术探明缺陷的部位、大小和性质，以便采取相应的处理措施。

常用的混凝土缺陷无损检测方法主要有：超声脉冲法、雷达扫描法、脉冲回波法、红外热谱法等。

超声脉冲法又分为穿透法和反射法。穿透法是根据超声波穿过混凝土时在缺陷区域的声速、波幅、波形和接收频率等参数的变化规律，来判断缺陷状况；反射法是根据超声波在混凝土内部的缺陷界面产生的反射波来进行缺陷判断，适用于只能在一个测试面进行检测的结构（如桩基、路面等）。

脉冲回波法是利用落锤、锤击等冲击结构物，使其产生应力波，并用传感器接收回波，采用时域或频域方法分析回波的部位，以判断缺陷位置。此方法可用于检测较大构件中的缺陷，如深度数十米的桩基或尺寸较厚的混凝土构件。

雷达扫描法是利用混凝土可反射电磁波的原理，先向被检测结构物发射电磁波，通过分析反射波的性质和影像特征，进行结构内部缺陷的分析和判别。此方法适用于大面积结构物（如路面）缺陷的快速扫描。

红外热谱法的原理是根据混凝土内部缺陷部位与正常部位受热后会产生的温度差进行检测，利用红外照相机拍摄结构的温度分布图像，便可推断其缺陷的部位和大小。

（三）其他无损检测方法

除了强度和缺陷检测以外，混凝土还有许多与结构使用功能相关的其他特性可以使用无损检测方法进行测试，如混凝土内部的钢筋位置、直径、保护层厚度，钢筋锈蚀程度，混凝土表面碳化深度、含水率、受冻层厚度等。常用的检测方法有：化学法、磁测法、共振法、敲击法、电测法、中子散射法、中子活化法、渗透法等。

三、无损检测技术的形成和发展

混凝土是当代建筑工程中最主要的结构材料之一。由于混凝土通常是在工地进行配料、搅拌、成型、养护，所以每一个环节稍有不慎都将影响其质量，危及整个结构的安全。因此，加强混凝土的质量监测与控制成为当今筑建工程技术中的重要课题。众所周知，混凝土的主要质量指标历来是以标准试件的抗压强度为依据的。试件抗压强度试验成为混凝土与钢筋混凝土结构的设计、施工及验收的基本依据。近年来我国所制定的《普通混凝土力学性能试验方法》（GBJ 181—85）及《混凝土强度检验评定标准》（GBJ 107—87），对这一试验法作出了明确的规定，为按试件强度进行混凝土质量监控奠定了基础。但必须看到，混凝土标准试件的抗压试验对结构混凝土来说，毕竟是一种间接测定值。由于试件的成型条件、养护条件及受力状态都不可能和结构物上的混凝土完全一致，因此，试件测量值只能被认为是混凝土在特定的条件下的性能反映，而不能代表结构混凝土的真实状态，至少在下述情况下，混凝土试件抗压强度不可能如实反映结构混凝土的性能：

（1）当混凝土施工中发现某一施工环节存在问题，对结构混凝土强度产生怀疑时。

（2）当试件的取样、制作、养护等未按规定进行，对其可信度产生怀疑时。

（3）当结构混凝土受自然环境的侵蚀或受灾害性因素而损害时。

我国《混凝土强度检验评定标准》（GBJ 107—87）中规定："当对混凝土试件强度的代表性有怀疑时，可用从结构中钻取试样的方法或采用非破损检验方法，按有关标准的规定对结构或构件中混凝土的强度进行推定"，这里所说的非破损检验方法，就是指在不影响结构或构件受力性能或其他使用功能的前提下，直接在结构或构件上通过测定某些适当的物理量，并通过这些物理量与混凝土强度的相关性，进而推定混凝土强度、均匀性、连续性、耐久性等一系列性能的检测方法。

早在 20 世纪 30 年代初，人们就已开始探索和研究混凝土无损检测方法，并获得迅速的发展。1930 年首先出现了表面压痕法，1935 年格里姆（G.Grimet）、艾德（J.M.Ide）把共振法用于测量混凝土的弹性模量。1948 年施米特（E.Schmid）研制成功回弹仪。1949 年加拿大的莱斯利（Leslie）和奇斯曼（CHeesman）、英国的琼斯（R.Jones）等运用超声脉冲进行混凝土检测获得成功。接着，琼斯又使用放射性同位素进行混凝土密实度和强度检测，这些研究为混凝土无损检测技术奠定了基础。随后，许多国家也相继开展了这方面的研究。如苏联、罗马尼亚、日本等国家在 20 世纪 50 年代都曾取得许多成果，20 世纪 60 年代，罗马尼亚的弗格瓦洛提出用声速、回弹法综合估算混凝土强度的方法，为混凝土无损检测技术开通了多因素综合分析的新途径。60 年代声发射技术被引入混凝土检测体系，吕施（H.Rüsch）、格林（A.T.Green）等人先后研究了混凝土的发射特性，为声发射技术在混凝土结构中的应用打下了基础。此外，无损检测的另一个分支—钻芯法、拔出法、射击法等半破损法也得到了发展，从而形成了一个较为完整的混凝土无损检测方法体系。

随着混凝土无损检测方法日臻成熟，许多国家开始了这类检测方法的标准工作，如美国的 ASTM、英国的 BSI 均已颁布或正准备颁布有关标准，其中以 ASTM 所颁布的有关标准最多，这些标准有《硬化混凝土射入阻力标准试验方法》（C803—82）、《结构混凝土抽样与检验标准方法》（C823—83）、《混凝土超声脉冲速度标准试验方法》（C597—83）、《硬化混凝土回弹标准试验方法》（C805—85）、《就地灌注圆柱试样抗压强标准试验方法）（C873—85）、《硬化混凝土拔出强度标准试验方法》（C900—87）、《成熟度估算混凝土强度的方法）（C1074—87）等。此外，国际标准化组织（ISO）也先后提出了回弹法、超声法、钻芯法、拔出法等相应国际标准草案。这些工作对结构混凝土无损检测技术的工程应用起了良好的促进作用。

20 世纪 80 年代以来，这方面的研究工作已经兴起，尤其值得注意的是，随着科学技术的发展，无损检测技术也突破了原有的范畴，涌现出一批新的测试方法，包括微波吸收、雷达扫描、红外热谱、脉冲回波等新技术。而且，测试内容由强度推定、内部缺陷探测等扩展到更广泛的范畴，其功能由事后质量检测，发展成事前的质量反馈控制。

混凝土无损检测技术的发展虽然时快时慢，但由于工程建设的实际需要，它始终具有生命力，许多国家逐步将其标准化，成为法定的检测手段之一。可以预料，随着科学术的发展和工程建设规模的不断扩大，无损检测技术的发展前景是广阔的。

我国在这一领域的研究工作始于 20 世纪 50 年代中期，开始引进瑞士、英国、波兰等国的回弹仪和超声仪，并结合工程应用开展了许多研究工作。20 世纪 60 年代初即开始批量生产回弹仪，并研制成功了多种型号的超声检测仪，在检测方法方面也取得了许多进展。20 世纪 70 年代以后，我国曾多次组织力量合作攻关，大大推进了结构混凝土无损检测技术的研究和应用。现已使回弹法、超声回弹综合法、钻芯法、拔出法、超声缺陷检测法等主要无损检测技术规范化，已制定的规程有《回弹法检测混凝土抗压强度技术规程》（JGJ/T23—92）、《超声回弹综合法检测混凝土强度技术规程》（CECS 02—88）、《后装拔出法检测混凝土强度技术规程》（CECS 69—94）以及《超声法检测混凝土缺陷技术规程）（CECS 21—90），有关仪器的研究也发展迅速，仪器的标准也在制定中。总的来说，我国在这一领域中的研究工作起步较早、基础广泛、成果丰硕，应用普及率高，在常用的结构混凝土无损检测技术方面的研究和应用水平已处于国际领先地位，但在新的无损检测技术的开拓方面却比较落后，有待进一步努力。

第二节 混凝土结构强度及缺陷检测

一、混凝土结构强度检测

结构或构件混凝土抗压强度的检测，可采用回弹法、超声法、超声回弹综合法、钻芯法、后装拔出法等，检测操作应分别遵守相应检测技术规定。此处主要介绍工程实际中常用的回弹法。

（一）回弹法

回弹法属于表面硬度法的一种，其原理是混凝土的强度与其表面硬度存在内在联系，通过测量混凝土表面硬度来推定混凝土抗压强度。回弹法是混凝土结构现场检测中最常用的一种非破损检测方法。1948 年瑞士科学家施密特（E.Schmidt）发明了回弹仪，主要由弹击杆、弹击锤、弹击拉簧、压簧及刻度尺等组成。

利用回弹仪的弹击拉簧驱动仪器内的弹击重锤，通过中心导杆，以一定的冲击动能弹击混凝土的表面，并测出重锤反弹的距离，反弹距离与弹簧初始长度之比称为回弹值 R，由 R 与混凝土强度的相关关系来推定混凝土的抗压强度。

我国从 20 世纪 50 年代开始，相继生产了指针直读式、自记式、自动记录及处理功能等回弹仪，其中以指针直读的直射锤击式仪器应用最广，其构造如图 2-1 所示。

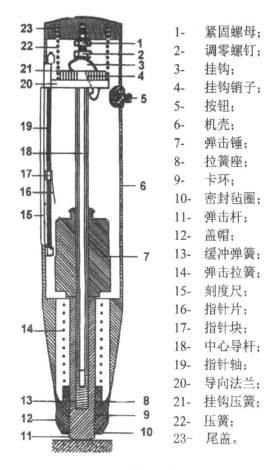

23-		1-	紧固螺母;
22-		2-	调零螺钉;
21-	1	3-	挂钩;
20-	2	4-	挂钩销子;
	3	5-	按钮;
	4	6-	机壳;
19-	5	7-	弹击锤;
18-		8-	拉簧座;
17-		9-	卡环;
16-	6	10-	密封毡圈;
15-		11-	弹击杆;
		12-	盖帽;
	7	13-	缓冲弹簧;
		14-	弹击拉簧;
		15-	刻度尺;
14-		16-	指针片;
		17-	指针块;
		18-	中心导杆;
		19-	指针轴;
13-	8	20-	导向法兰;
12-	9	21-	挂钩压簧;
11-	10	22-	压簧;
		23-	尾盖。

图 2-1 回弹仪构造图

1.测试方法及数据处理

（1）测区选择与回弹测量

《回弹法检测混凝土抗压强度技术规程》（JGJ/T 23—2011）规定，取一个构件混凝土作为评定混凝土强度的最小单元，至少取 10 个测区。测区宜均匀布置在构件的检测面上，两个相邻测区的间距不宜大于 2m，测区的大小宜为 20cm×20cm，以能容纳 16 个回弹测点为宜。测区表面要清洁、平整、干燥，尽量选择混凝土浇筑侧面进行水平方向测试，测区应避开外露钢筋和预埋钢板。

测点宜在测区范围内均匀分布，相邻两测点的净距一般不小于20mm，测点距构件边缘或外露钢筋、预埋件的距离一般不小于30mm，测点应避开气孔和外露石子，同一测点只允许弹击一次，每一测区的两个测试面各弹击8个回弹值，如果一个测区只有一个测面，则需弹击16个回弹值。

检测时，回弹仪的轴线应始终垂直于结构或构件的混凝土检测面，缓慢施压，准确读数，快速复位。

（2）碳化深度测量

对于既有桥梁，由于受到大气中二氧化碳的作用，使混凝土表层的氢氧化钙逐渐形成碳酸钙而变硬，使测得的回弹值偏大，此时需根据碳化深度对回弹值进行修正。

碳化深度的测量可采用适当的工具在测区表面形成直径约15mm的孔洞，其深度应大于预计的碳化深度。清除洞中的粉末和碎屑后（注意不能用液体冲洗），立即用1%~2%的酚酞酒精溶液滴在孔洞内壁，碳化部分的混凝土不变色，而未碳化部分的混凝土会变成紫红色，然后用碳化深度测定仪等工具测量3次，取其平均值，每次读数应精确至0.25mm。

（3）回弹值的计算及修正

当回弹仪水平方向弹击混凝土浇筑侧面时，应从该测区的16个回弹值中剔除3个最大值和3个最小值，对余下10个数据作平均处理：

$$R_m = \sum_{i=1}^{10} \frac{R_i}{10}$$

式中 R_m——测区回弹均值，精确至0.1；

R_i——第 i 个测点的回弹值。

当回弹仪非水平方向检测混凝土浇筑侧面时，测得的回弹值应按下式进行角度修正：

$$R_m = R_{m\alpha} + \Delta R_\alpha$$

式中

$R_{m\alpha}$——测试角度为 α 时的测区回弹均值，精确至 0.1；

ΔR_α——测试角度为 α 的回弹修正值，按表 2-1 取用。

表 2-1 不同测试角度 α 的回弹修正值

$R_{m\alpha}$	α 向上				α 向下			
	＋90	＋60	＋45	＋30	－30	－45	－60	－90
20	－6.0	－5.0	－4.0	－3.0	＋2.5	＋3.0	＋3.5	＋4.0
30	－5.0	－4.0	－3.5	－2.5	＋2.0	＋2.5	＋3.0	＋3.5
40	－4.0	－3.5	－3.0	－2.0	＋1.5	＋2.0	＋2.5	＋3.0
50	－3.5	－3.0	－2.5	－1.5	＋1.0	＋1.5	＋2.0	＋2.5

2.回弹测强曲线

回弹法测定结构混凝土强度的基本依据就是回弹值与混凝土抗压强度之间的相关性。这种相关性可用相关曲线（或公式）表示，通常称之为测强曲线。目前国内基准曲线有统一曲线、地区曲线、专用曲线，详如表 2-2。应用最广泛的是采用回弹值和碳化深度两个指标按全国统一曲线来推定混凝土强度。

表 2-2 回弹法测强相关曲线

名称	统一曲线	地区曲线	专用曲线
定义	由全国具有代表性的材料、成型、养护工艺配置的混凝土试块，通过大量的破损与非破损试验所建立的曲线	由本地区具有代表性的材料成型、养护工艺配置的混凝土试块，通过较多的破损与非破损试验所建立的曲线	由与构件混凝土相同的材料成型、养护工艺配置的混凝土试块，通过一定数量的破损与非破损试验所建立的曲线
适用范围	适用于无地区曲线或专用曲线时检测符合规定条件的构件或结构混凝土强度	适用于无专用曲线时检测符合规定条件的构件或结构混凝土强度	适用于检测与该构件相同条件的混凝土强度
误差	测强度曲线平均相对误差≤±15%，相对标准差≤18%	测强度曲线平均相对误差≤±14%，相对标准差≤17%	测强度曲线平均相对误差≤±12%，相对标准差≤14%

3.注意事项

（1）遵守《回弹法检测混凝土抗压强度技术规程》（JGJ/T23—2011）的有关规定，做好回弹仪的日常维护和标定。

（2）回弹法检测混凝土强度实际上是利用混凝土表面的硬度信息推定混凝土强度，因此存在很多影响测试结果的因素，如原材料构成、混凝土养护方法及湿度、碳化及龄期、模板种类、外加剂品种、混凝土制作工艺等，这些因素在一定程度上使得测试结果表现出离散性。

（3）注意使用限制条件。龄期 3 年以上的混凝土表面的碳化可能已经达到了相当深度，回弹值已不能准确反映混凝土的强度。因此，不宜采用回弹法测定龄期超过 3 年的混凝土。当混凝土强度超过 C60 时，不能采用回弹法检测混凝土强度。

（4）回弹法具有操作简便、经济、快速等优点，但属于间接测量，精度较低，不能用于仲裁。

（二）超声法检测混凝土强度

通过超声法检测实践发现，超声在混凝土中传播的声速与混凝土强度值有密切的相关关系，于是超声法检测混凝土缺陷，扩展到检测混凝土强度，其原理就是声速与混凝土的弹性性质有密切的关系，而混凝土弹性性质在相当程度上可以反映强度大小。从上述分析，可以通过试验建立混凝土由超声声速与混凝土强度的相关关系，它是一种经验公式，与混凝土强度等级、混凝土成分、试验数量等因素有关，混凝土中超声声速与混凝土强度之间通常呈非线性关系，在一定强度范围内也可采用线性关系。

显而易见，混凝土内超声声速传播速度受许多因素影响，如混凝土内钢筋配置方向影响、不同骨料及粒径影响、混凝土水灰比、龄期及养护条件影响以及混凝土强度等级影响，这些影响因素如不经修正都会影响检测误差大小问题，建立超声检测混凝土强度曲线时应加以综合考虑影响因素的修正。

（三）超声回弹综合法检测混凝土强度

综合法检测混凝土强度是指应用两种或两种以上单一无损检测方法（力学的、物理的），获取多种参量，并建立强度与多项参量的综合相关关系，以便从不同角度综合评价混凝土强度。

超声回弹综合法是综合法中经实践检验的一种成熟可行的方法。顾名思义，该法是同时利用超声法和回弹法对混凝土同一测区进行检测的方法。

它可以弥补单一方法固有的缺欠，做到互补。例如回弹法中的回弹值主要受表面硬度影响，但当混凝土强度较低时，由于塑性变形增大，表面硬度反映不敏感，又如当构件尺寸较大时，内外质量有差异时，表面硬度和回弹值难以反映构件实际强度。相反，超声法的声速值是取决于整个断面的动弹性，主要以其密实性来反映混凝土强度，这种方法可以较敏感的反映出混凝土的密实性、混凝土内骨料组成以及骨料种类。此外，超声法检测强度较高的混凝土时，声速随强度变化而不敏感，由此粗略剖析可见，超声回弹综合法可以利用超声声速与回弹值两个参数检测混凝土强度，弥补了单一方法在较高强度区或在较低强度区各自的不足。通过试验建立超声波脉冲速度—回弹值—强度相关关系。

超声回弹综合法首先由罗马尼亚建筑及建筑经济科学研究院提出，并编制了有关技术规程同时在罗马尼亚推广应用。中国从罗马尼亚引进这一方法，结合中国实际进行了大量试验，并在混凝土工程检测中广泛应用，在此基础上于1988年由中国工程建设标准化协会组织编制并发布了《超声回弹综合法检测混凝土强度技术规程》。

这种综合法最大优点就是提高了混凝土强度检测精度和可靠性。许多学者认为综合法是混凝土强度无损检测技术的一个重要发展方向。目前除上述超声回弹综合法已在我国广泛应用外，已被采用的还有超声钻芯综合法、回弹钻芯综合法、声速衰减综合法等。

（四）其他方法

混凝土强度测试方法还包括钻芯法、拔出法等。这些半破损法的特点是采用局部破坏获取混凝土强度信息，结果较为直观，但会造成结构物的局部破损，不宜进行大面积检测。

1.钻芯法

在混凝土结构上直接钻取芯样，对芯样加工后进行抗压强度试验，是一种直观可靠的检测混凝土强度的试验方法，但对构件损伤较大且成本较高。

对于现场采用的非标准试件（高径比不为2），则应根据交通运输部行业标准《公路工程水泥及水泥混凝土试验规程》（JTG 3420—2020）有关规定进行修正。

混凝土抗压强度要求同龄期者为一组，每组为三个同条件制作和养护的混凝土试块。以三个试件的算术平均值作为测定值，三个测值中的最大值或最小值有一个值与中间值之差超过中间值的15%，则取中间值为测定值；如果最大值和最小值与中间值之差均超过中间值的15%，则该组试件无效。

由于混凝土的抗压强度与其含水量的不同而有所差异，按照交通运输部规范的要求，试件应保持结构原有的湿度进行试验，但由于取芯时要用水对钻芯机钻头进行冷却，芯样取出后的湿度已不可能与原结构的状态相同。笔者认为可以参照《钻芯法检测混凝土强度技术规程》（JGJ/T 384—2016）的有关规定进行处理。

预应力混凝土结构，考虑到结构的安全性，一般应避免进行钻芯取样。

2.拔出法

采用拔出法作为混凝土强度的推定依据时，必须按已建立的拔出力与立方体抗压强度之间的相关关系曲线，由拔出力确定混凝土的抗压强度。目前国内拔出法测强曲线一般都采用一元回归直线方程。

二、混凝土结构缺陷检测

对于技术条件相同（指混凝土原材料、配合比、龄期和测试距高一致）的混凝土来说，声速越高则混凝土越密实，当有空洞、蜂窝、松散、裂缝等缺陷存在时，破坏了混凝土的整体性，超声波在缺陷界面会发生反射和散射，传播路程会增大，声时会延长；其次，在缺陷界面超声波的声能被吸收衰减，接收信号的波幅会明显降低，频率也会减小；再次经缺陷反射或绕射后的超声波信号与直达波信号之间发生叠加后，会造成接收信号的波形畸变。

采用超声脉冲波检测混凝土缺陷的基本原理是：利用超声波在技术条件相同的混凝土中传播的时间（或速度）、接收波的波幅和频率等声学参数的变化来判定混凝土的缺陷。当混凝土内部无缺陷时，波幅衰减较小，声速大，主频较高，且各测点之间的波形基本一致；若混凝土内部存在缺陷，超声脉冲波通过缺陷时产生绕射，传播的声速要比相同材质混凝土的传播声速小，声时偏长，更由于在缺陷界面上产生反射，从而导致接收能量显著衰减，波幅和频率明显降低。

（一）混凝土浅裂缝检测

浅裂缝指局限于结构表层开裂深度不大于 500mm 的裂缝，实际检测时一般可以根据结构物的断面尺寸和裂缝的宽度及走向，大致估计被测的是浅裂缝还是深裂缝。对于浅裂缝可采用平测法和斜测法。

1.平测法

当结构的裂缝部位只有一个表面可供检测时，可采用平测法进行裂缝深度检测。如图 2-2 所示，将仪器的发射换能器（T）和接收换能器（R）

以一定的距离（L）对称布置在裂缝两侧，超声波传播的时间为 t_c，再将换能器以相同距离 L 平置在完好的混凝土表面，测得传播时间 t，则裂缝的深度 h_c，可按下式计算：

$$hc = \frac{L}{2}\sqrt{(\frac{t_c}{t})2 - 1}$$

式中 h_c——裂缝深度，mm；

t，t_c——分别代表测距为 L 时不跨缝、跨缝平测的声时值，μs；

L——平测时的超声传播距离，mm。

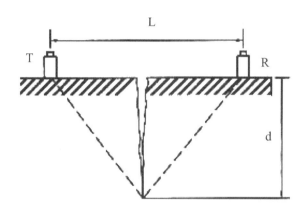

图 2-2 平测法检测裂缝深度

实际检测时，应根据规范进行不同距离（L 取 100，150，200mm 等）的多次测量，取均值作为该裂缝的深度值。

检测时，裂缝中不得有水和泥浆，因为以声时推算浅裂缝深度，是假定裂缝中充满空气，声波绕过裂缝末端传播；若裂缝中有水或泥浆，则声波经水介质耦合穿过裂缝，不能反映裂缝的真实深度。当有钢筋穿过裂缝且与 T、R 换能器的连线大致平行靠近时，则沿钢筋传播的超声波首先到达接收换能器，测试结果也不能反映裂缝的深度。因此布置测点时应注意使 T、R 换能器的连线至少与该钢筋的轴线相距 1.5 倍的裂缝预计深度，以减少测量误差，如图 2-3 所示，应使 a≥1.5h$_c$。

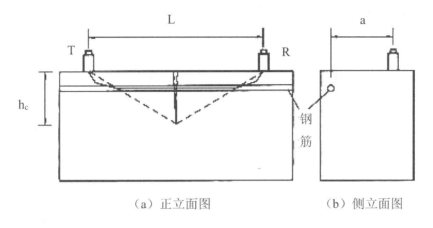

（a）正立面图　　　　　（b）侧立面图

图 2-3 平测时避免钢筋影响的示意图

2.斜测法

当结构的裂缝部位有两个相互平行的测试面时，可采用斜测法检测。如图 2-4 所示，将 T 换能器和 R 换能器分别置于对应点 1，2，3，…的位置，读取响应的声时值 t$_i$、波辐 A$_i$ 和频率值 f$_i$。

当 T、R 换能器的连线通过裂缝时，由于混凝土的不连续性，超声波在裂缝界面上产生很大衰减，接收到的首波信号微弱，其波幅和频率与不过缝的测点值有很大差异。对比各测点信号，根据波幅和频率的突变，可以判定裂缝的深度是否在平面方向贯通。斜测法检测裂缝深度具有直观、可靠的特点，若条件许可宜优先选用。

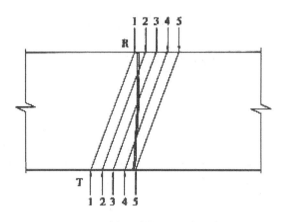

图 2-4 斜测法检测裂缝深度

（二）混凝土深裂缝检测

深裂缝是指混凝土结构表面开裂深度在 500mm 以上的裂缝。深裂缝一般发生在大体积混凝土中，可采用钻孔探测。

钻孔探测是在裂缝两侧钻成测试通道，通过超声波声学参数的变化规律到定裂缝深度的方法。孔距一般为 2000mm，采用径向振动式换能器进行测试。如图 2-5 所示，在裂缝两侧分别钻测试孔 A、B，并在裂缝一侧多钻一个较浅的孔 C，测试无裂缝混凝土的声学参数，供对比判别之用。

测试前向测试孔中灌注清水，作为耦合介质，将发射和接收换能器分别置入两侧的对应孔中，以相同高程等距自上向下同步移动，在不同的深度上进行对测，逐点读取声时和波幅数据。绘制换能器的深度和对应波幅值的 h-A 坐标图（图 2-6）。波幅值随换能器下降的深度逐渐增大，当波辐达到最大并基本稳定的对应深度，便是裂缝深度 h_c。

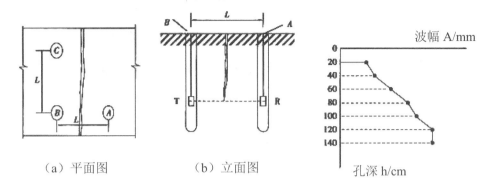

（a）平面图　　　　　（b）立面图

图 2-5 钻孔检测裂缝深度　　　图 2-6 裂缝深度和波幅的 h-A 坐标图

（三）混凝土内部缺陷检测

超声法检测混凝土内部的不密实区域或空洞是根据各测点的声时、波幅、频率值、波形的相对变化，确定异常点的位置，从而判断缺陷的范围。

1.平面对测

当结构被测部位具有两对互相平行的测面时可采用对测法。在测区的两对相互平行的测试面上，分别画出间距为 200~300mm 的网格，确定测点位置。

2.平面斜测

对于只有一对相互平行的测试面时可采用斜测法，即在测区的两个相互平行的测试面上，分别画出交叉测试的两组测点位置。

3.测试孔检测

当结构的测试距离较大时。可在测区适当位置钻一个或多个平行于侧面的测试孔，测孔的直径一般为 45~50mm，测孔深度视检测需要而定。结构侧面采用轴向振动式换能器，一般用黄油耦合，测孔中使用径向振动式换能器，用清水作耦合剂。

测试时，记录每一测点的声时、波幅、频率和测距，当某些测点出现声时延长，声能被吸收和散射，波幅降低，高频部分明显衰减等异常情况时，通过对比同条件混凝土的声学参数，可确定混凝土内部存在的不密实区域和空洞范围。

第三节 钢结构无损探伤

钢结构的无损探伤包括超声波探伤、磁粉探伤、射线探伤、渗透法和涡流探伤等，本节主要介绍超声波探伤和射线探伤。

一、超声波探伤

超声法检测钢材的工作原理主要有脉冲反射法和穿透法，而较多采用的是脉冲反射法。超声脉冲经换能器发射进入被测材料传播时，当通过材料不同界面（构件材料表面、内部缺陷和构件底面）时，会产生部分反射，这些超声波各自往返的路程不同，回到换能器的时间也不同，在超声波探伤仪的示波屏上分别显示出各界面的反射波及其相对的位置，分别称为始脉冲、伤脉冲和底脉冲。由伤脉冲与始脉冲和底脉冲的相对距离可确定缺陷在构件内的相对位置。如材料完好内部无缺陷时，则示波屏上不出现伤脉冲，只显示始脉冲和底脉冲。

进行焊缝内部缺陷检测时，换能器常采用斜向探头，采用三角形标准试块，通过比较法确定内部缺陷位置。当在构件焊缝内探测到缺陷时，记录换能器在构件上的位置和缺陷反射波在显示屏上的相对位置；然后将换能器移到三角形标准试块的斜边上做相对移动，使反射波与构件焊缝内的缺陷反射波重合，当三角形标准试块的 α 角度与斜向换能器超声波折射角度相同时，量取换能器在三角形标准试块上的位置 L，可按下式确定缺陷的位置。

$$l = L \sin^2 \alpha$$

$$h = L \sin \alpha \cdot \cos \alpha$$

由于钢材密度比混凝土大得多，为了提高缺陷探测灵敏度，探头通常采用高频换能器，常用工作频率为 0.5~2.0MHz。

二、射线探伤

射线探伤是利用射线可以穿透物质和在物质中有衰减的特性来发现缺陷的一种探伤方法。探伤射线可分为 x 射线、γ 射线和高能射线，每种射线又有电离法、荧光屏观察照相法和工业电视法，运用最为广泛的是 x 射线照相法。

（一）X 射线照相法原理

X 射线照相法探伤的基本原理是利用射线在物质中的衰减规律和对某些物质产生的光化及荧光作用为基础进行探伤的。图 2-7（a）所示的是平行射线束透过构件的情况下，从射线强度的角度看，当照射在构件上射线强度为 J_0，由于构件材料的衰减特性，穿过构件的射线强度衰减至 J_c。若构件存在缺陷，图中 A、B 处因该部位的射线透过的构件实际厚度减小，则穿过的射线强度 J_a、J_b 比没有缺陷的 C 点射线强度要大。从射线对底片的光化作用角度看，射线强的部分对底片的光化作用强烈，即感光量大，感光量较大的底片经暗室处理后变得较黑，如图 2-7（b）中 A、B 点比 C

点黑，此时构件中的缺陷可以通过射线在底片上产生的黑点的影迹来判定，这就是射线探伤照相法的工作原理。

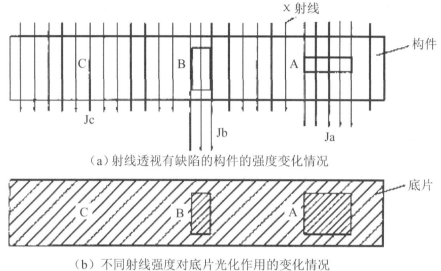

（a）射线透视有缺陷的构件的强度变化情况

（b）不同射线强度对底片光化作用的变化情况

图 2-7 X 射线探伤照相法原理

（二）X 射线照相法的工序

（1）确定结构或构件的探伤位置并对其进行编号。在探伤工作中，抽查的焊缝位置一般选在可能或经常出现缺陷的位置、危险断面或受力最大的焊缝部位及应力集中的位置。

（2）选取软片、增感屏和增感方式。探伤用的软片一般要求反差高、清晰度高和灰雾少，增感屏和增感方式可根据软片或探伤的要求选择。

（3）选取焦点、焦距和照射方向。照射方向尤为重要，通过多个方向的比较，选择最佳透照角度。

（4）放置铅字号码、铅箭头和像质计，放置方式严格按照《金属熔化焊焊接头射线照相》的要求。

（5）选定曝光规范，进行暗室处理。

（6）由专业人员按照《金属熔化焊焊接头射线照相》对焊缝质量进行评定，并根据图纸中的技术要求和行业标准确定验收方式。

第四节 索结构检测方法

在潮湿、海水及盐雾等环境中，索体系桥梁中的索结构易受水、Cl离子、氧气等因素影响而产生锈蚀，从而发生断裂事故。2001年11月四川宜宾的南门大桥由于承重钢缆生锈，使吊杆突然断裂，导致桥面两端先后发生断塌，造成很大损失，在社会上造成了极其恶劣的影响。南门大桥为钢筋混凝土中承式公路拱桥，事故中17对钢缆吊杆中的4对出现断裂，而这4对均为短索（吊杆）。在索体系桥梁中，索结构是桥梁的重要组成部分，扮演着很重要的角色，桥梁的失效很多情况是由于拉索的损害而发生重大事故。在悬索桥、斜拉桥以及中下承式拱桥等诸多桥型中，索结构断裂后果是非常严重的。因此，如何寻找一种有效、快速实时监测拉索的状态的方法显得十分必要，加强索结构的安全监测对桥梁健康有着重要的意义，越来越多的索体系桥梁采取了可行的检测及监测技术对吊杆和拉索进行安全检测与监测。目前进行索力测试的方法很多，有：人工检测、漏磁检测法、电磁检测法、放射线检测法、雷达仪测试法、光纤监测、超声脉冲法、声发射法、磁通量法以及振动法等。这些方法可检测得到不同参数的情况，不过索结构损伤后这些参数变化规律还有待深入研究。目前技术比较成熟，使用较多的主要有声发射监测法、磁通量法以及振动法。

一、振动法

由于拉索的索力与其自振频率之间存在确定的关系，因此，采用振动法首先获得拉索在环境激励下的时域响应和频域响应，从而可以获得拉索索力。

（一）振动法测索力的基本原理

如果不考虑拉索的刚度，仅将其作为理想状态下的弦考虑，此时刚度项 EI=0，振型函数为：$\varphi = \sin \dfrac{r\pi x}{l}$（r 为振型的阶数），可得到

$$T = 4ml^2 f_r^2 / l r^2$$

这个式子是经典的弦张力计算公式，现在很多商业化软件中都是用这个公式，此式得到的索力值与实际的索力相比偏大，偏于安全。当索长较大时，此式得出的结果较为准确，但是对于短索则误差较大。

（二）振动法的优缺点

振动法可以在结构完工后再进行测试，测试简便易行，容易检查及维修，适合于长期监测。振动法识别索结构参数时有多种理论方法，其中采用经典弦理论进行索力识别时将索作为弦结构来处理，不考虑索结构的刚度，会引起索力结果的误差。误差与索的长短有关，短索中的刚度影响较大，而当索长达到一定时，刚度的影响就很小了。如果考虑索结构刚度及边界条件的处理方法，就可以得出较为准确的索力，而且能得到索结构的抗弯刚度值，应用于工程实际中。通过对索刚度的检测，能够进行索完整性的判断，以判断是否存在断索，或者索结构被腐蚀而导致刚度降低的情况。通过刚度变化来研究索结构的完整性还需进行深入的研究，包括对损

伤的刚度变化敏感性分析以及刚度测试的可行性分析，该方法有待于实际工程的检验。由于实际拉索要加入阻尼器以控制振动，因此在使用振动法进行索力识别时还必须根据最后结构的情况进行修正。研究表明，从可操作性、经济性、尺寸、适用范围等性能上看，振动法具有最明显的优点。因此可以在索支撑桥梁的拉索索力测试中采用振动法来监测索力。

二、声发射方法

声发射技术是通过检测构件断裂过程中弹性波释放的应变能来判断构件损伤的，其作为一种无损检测技术在机械设备的损伤和故障诊断中得到了广泛的应用，美国、欧洲等国家也将声发射技术用于拉索桥梁结构的拉索损伤检测和监测中。而国内尚没有这方面工作的报道。

声发射技术作为一门新型技术和科学研究工作，是德国的科学家凯瑟在 1950 年间开始进行的。他还发现了声发射现象的不可逆效应，叫凯瑟效应。大规模的声发射研究是自 20 世纪 60 年代在美国开展的。AE 技术在地震学方面的应用是最早的例子之一。1964 年美国通用动力公司把 AE 技术用于"北极星导弹"壳体的水压试验工作，这就标志着 AE 技术的应用进入了新的阶段。

（一）声发射技术的基本原理

AE 技术是根据结构内部发出的应力波来判断内部损伤程度的一种新型动态无损检测方法。它可以在构件或材料的内部结构、缺陷或潜在缺陷处于运动变化的过程中进行检测。从总体上说，声发射的产生是材料中局部区域快速卸载、弹性能得到释放的结果，声发射快速卸载的时间决定了声发射信号的频谱，卸载时间越短，能量释放得越快，声发射信号的频率越高。对于不同的材料和不同的声发射产生形式，声发射信号的频率范围是不一样的，从次声、音频信号，直到数十兆赫兹的超声信号，幅度范围可从几微伏到上百伏。

由于声发射信号是前沿时间只有几十到几百毫微秒、重复频率高的瞬变源信号。局部瞬变产生的声发射信号在试样表面的垂直位移约为$10^{-7}\sim10^{-14}$m，频率分布在次声到超声频范围（几赫兹到几十兆赫兹）。这就要求声发射检测仪器具有高响应速度、高灵敏度、高增益、宽动态范围、强阻塞恢复能力和频率检测窗口可以选择等性能。声发射检测常常在强的机械噪声（频率通常低于50kHz）、液体噪声（100kHz～1MHz）和电气噪声的环境中进行，所以还要求声发射仪器具有一定的抗干扰能力和排除噪声的能力。一般由图2-8所示几个部分组成。

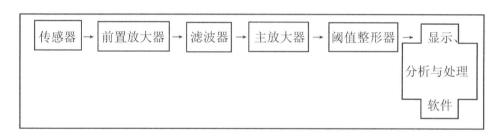

图2-8 声发射系统组成

声发射传感器拾取声发射信号以后，由前置放大器进行信号放大，再经过滤波，剔除噪声信号，然后再放大，最后通过分析软件得到感兴趣的损伤信息，这就是声发射检测的全过程。

（二）声发射技术的优缺点及应用

AE技术具有其他无损检测技术不可比拟的优越性，它是一种动态的检验方法，探测到的能量来自被检物体本身，而不像超声或射线探伤方法一样由无损检测仪器提供；它能探测到外加结构应力下这些缺陷的活动情况，稳定的缺陷不产生声发射信号；在一次试验过程中，声发射检验能够整体探测和评价整个结构中活性缺陷的状态；可提供活性缺陷随荷载、时间、温度等外变量而变化的实时或连续信息，因而适用于工业过程在线监控及早期或临近破坏预报。以往对钢绞线的研究多侧重于钢丝表面质量对其疲劳性能的影响，以及进行常规的力学性能，但是对于实际工程中的监测，对钢绞线的疲劳裂纹生成及扩展的动态过程则所知甚少，这一方面是由于疲劳损伤过程难于观测所制，另一方面是由于缺少动态监测手段。由于声发射技术自身众多优点，此技术是一种非常行之有效的方法，其他无损检测技术是不能取代的。

由于声发射技术目前在国内的拉索断丝监测中尚无应用，因此还有很多工作要开展，其中首先必须研究拉索在高应力情况下断裂的时间的长短、能量的大小，从而可以确定监测中采用的频带范围以及测量范围。另外由于桥梁上产生噪声的声源很多，如何做到对锚固端拉索进行监测时尽量降低噪声的干扰是必须研究的一个问题，只有这样才能保证测试得到理想的结果。

在桥梁监测方面声发射作为新技术，具有其自身的优越性，推荐在重要拉索的锚固端附近安装部分声发射装置，对索结构的断丝进行监测。经过一段时间使用后，待经验成熟，可在其他拉索上推广。声发射监测断丝时有其特殊的优势，如何在桥梁中很好地使用该方法，是一个值得研究的问题。

三、磁通量法

（一）磁通量传感器基本结构与测量原理

磁通量传感器是基于铁磁性材料的磁弹效应原理制成。即当铁磁性材料承受的外界机械荷载发生变化时，其内部的磁化强度（磁导率）发生变化，通过测量铁磁性材料制成的构件的磁导率变化，来测定构件的内力。磁通量传感器的结构简图如图 2-9 所示，由初级线圈、次级线圈、温度传感器组成。

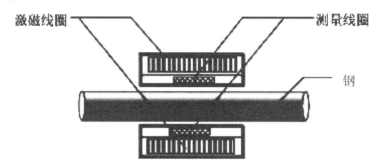

图 2-9 磁通量传感器结构简图

将磁通量传感器穿心套在导磁材料构件外面进行测量时，初级线圈内通入脉冲电流，构件被磁化，会在构件的纵向产生脉冲磁场。由于电磁感应，在次级线圈中产生感应电压，感应电压对时间积分可得到积分电压。仪器直接测量得到积分电压 Vk 和传感器环境温度值 T。构件的积分电压增量 μ 与内力 F 的关系，可用三次方程表示

$$F=C_0+C_1\mu+C_2\mu^2+C_3\mu^3$$

式中，C_0、C_1、C_2、C_3 为标定系数；μ 为测量时构件的磁导率相对于构件零受力状态时积分电压增量。

（二）磁通量法的特性

磁通量传感器利用自身的初级线圈，在构件中产生脉冲或周期性变化磁场，利用次级线圈感知传感器内部构件的磁通量变化，获得构件的磁场特性，由此分析构件的工作状态。该测量方法，属于非接触性测量，不损伤结构，不需对被测件进行表面处理，不破坏构件原保护层。构件为传感器的一部分，直接监测构件状态，测量量程为构件的整个弹性阶段，过载能力强。磁通量法测量精度高，重复性好，结实耐用，适合长期监测。然而对任一种铁磁性材料构件，均需进行几组标准荷载下的标定，建立积分电压增量与构件内力的关系后，才可来测定构件的内力，标定过程繁琐。

第三章 桥梁结构荷载试验

第一节 荷载试验的分类、方法与程序

一、荷载试验的分类

桥梁结构荷载试验包括静力荷载试验与动力荷载试验，一般情况下只做静力荷载试验，必要时增做部分动力荷载试验，如对特大型桥梁、新型桥梁等。

静力荷载试验又称静载试验，是指将静止的荷载作用于桥梁上的指定位置，以便测试出结构的静应变，静位移、裂缝及沉降等参量，再根据相关规范、规程的指标，推断出桥梁结构在荷载作用下的工作状态和使用能力的荷载试验。

动力荷载试验又称动载试验，是指利用某种方法激起桥梁结构的振动，如将行驶的汽车荷载或者其他动力荷载作用于桥梁结构上，以测出结构的固有频率、阻尼比、振型、动力冲击系数、动力响应（加速度、动挠度）等动力特性，从而判断出桥梁结构在动力荷载下受冲击和振动的影响以及结构刚度和使用性能的荷载试验。桥梁的动力荷载试验和静力荷载试验相比具有其特殊性：引起结构产生振动的动力荷载（如车辆、人群、阵风或

地震力等）的振幅及其对结构的振动影响是随时间变化的，结构在动力荷载作用下的响应与结构自身的动力特性有着密切关系，动力荷载产生的动力效应一般大于相应的静力效应。

静载试验与动载试验虽然在试验目的、测试内容等方面不同，是两种不同性质的试验，但对于全面分析、掌握桥梁结构的工作性能是同等重要的。

桥梁结构荷载试验又可以根据测试对象的不同，分为现场桥梁试验和室内桥梁模型（或部件）试验，前者多用于既有桥梁检定，后者多应用于重要或新型桥梁的设计阶段，必要时还可做模型或部件的破坏性试验。

二、荷载试验的方法

（一）静载试验方法

桥梁结构静载试验可以是生产性试验或科学研究性试验，可以是对桥梁主要构件的试验或全桥整体的试验，也可以是实桥现场检测或桥梁结构模型的室内试验。桥梁一般分为梁桥、拱桥、刚构桥、斜拉桥、悬索桥等结构形式。试验时，要根据不同结构形式的受力特点，结合病害特征或静载试验的主要目的，按照技术上可行、经济上合理、测试上可靠的原则，来设计桥梁静载试验的加载方案与测试方法。为了能够较为客观地反映桥梁结构的工作性能，桥梁结构静载试验多采用原位现场检测。进行桥梁结构静载试验时必须明确试验目的，遵循一定的程序，采用科学、先进的量测手段，在进行严密的准备和组织工作的基础上才可能达到预期的目标。

桥梁的静载试验按照试验流程可分为检测前准备阶段、检测加载和观测阶段、测试结果分析评价阶段。

1.测试前准备阶段

（1）编制试验方案。在编制静载试验方案之前需要现场踏勘，调查桥梁的结构。试验方案一般包括工程概况、试验目的、试验内容及方法、检测人员及设备、侧测点布置、试验过程及试验结果分析等。

（2）科学计算与分析。在试验方案编制完成后，按照设计要求并借助专业的桥梁分析软件（如 Midas 或桥梁博士）进行结构计算和分析。比较不同荷载作用下桥梁的应变和位移值和产生的位置。

（3）选定试验工况及截面。荷载工况也是静载试验的一部分，选择最不利荷载工况能够直接反应结构的实际变形与设计状态的差别。对于边梁，考虑结构的对称性需增加横向偏载工况；如果构件已出现受力裂缝，需增加中、偏荷载工况。一般加载截面选定应依照计算的弯矩包络图、剪力包络图或挠度的包络图，按照最不利原则选择截面，确定具体的试验工法。表 3-1 为常见桥梁的加载试验截面及内容。

表 3-1 常见桥梁加载试验截面及内容

桥梁类型	控制截面及内容
简支梁桥	梁端剪力、主梁跨中挠度和正弯矩
连续梁	中跨跨中挠度和正弯矩，边跨梁端的剪力、边跨 1/4L 挠度和正弯矩
悬臂梁	支点负弯矩、悬臂端挠度、梁端部剪力
拱桥	拱脚弯矩、拱顶弯矩、拱顶挠度、1/4L 弯矩和挠度
钢架桥	边跨 1/4L 和中跨跨中的正弯矩与挠度
悬索桥	主缆内力、塔脚截面内力、1/8L 与 3/8L 内力和挠度
斜拉桥	索力、支点沉降、塔脚内力、中跨跨中的弯矩和挠度

（4）测点布置。一般截面的应力应变测点需要考虑高度和宽度两个方向的受力来布置；位移测点应能够得出最大值和位移变化规律；对于特殊的测点如索塔的偏位移测试则需要考虑三个方向位移。

2.加载与观测阶段

（1）选择负载试验对象。在实际操作开始之前，为了保证试验效果，要合理选择静力加载对象，确保所选对象具备代表性。具有相同结构类型而拥有不同跨度的，则选择跨度最大的一跨进行负载试验。对于预制桥梁，则强调试验的随机性，选择抽样试验的方式。对于试验墩台，选择受力状态最不利、状态最差的位置。

（2）制定静力加载方案。加载方案在静载试验中发挥决定性作用，包括加载设备、加载荷载量、加载持续时间和卸载程序等。加载设备主要有重物和加载车辆，重物通常有水箱、沙袋和预制混凝土件等，方便逐级加载，以满足不同的加载需求，主要应用于桩基承载力静载试验。车辆装载试验主要应用于成桥静载试验，同时保证荷载和轴距误差控制在 5%以下。在确定加载量、加载时间和卸载程序时应根据荷载总量采用分级加载的形式，确保应力应变曲线保持连续，通常分级荷载不小于四级。在加卸载试验中做好监控工作，及时发现问题，避免影响试验结果。为了减小温度对桥梁静载试验结果的影响，通常选择晚上 22 点到早上 6 点，这样也可将对交通的影响降到最低。

（3）确定具体的观察内容。静载试验中观测的主要内容为变形、应力、裂缝、倾斜、制作墩台等情况。变形主要是梁的挠度和各种非竖向位移等，整体变形反映了桥梁的整体性能，局部变形则反映了桥梁构件的局部情况。

（4）布置静载试验测点。为保证试验结果的可靠性，按照适量的原则布置，利用结构的对称性和结构互等原理减少测点布置，避免过度布置造成资源浪费。同时测点的选择需要具有代表性和易观测性，考虑检测技术的可实现性。

（5）合理选择试验仪器和试验观测人员。当前常用的仪器有刻度放大镜、位移计、应变片、静态应变仪等。仪器的测量精度需满足试验需求，并适合检测环境。此外，在测定同一参数时尽量选择统一型号仪器，减小仪器带来的系统误差。提前组织人员进行技术交底，同一组数据尽量由同一人观测记录，以减少观测误差。

3.分析与总结阶段

（1）检测数据核查。静载试验结束后进入数据整理和信息核查阶段。试验人员根据规范和技术准则仔细核查试验结果，确保试验数据的准确性，并及时输出数据记录和检测报告，判断桥梁结构是否存在问题，薄弱环节需派专人进行检查。

（2）静载试验结果分析。

①对加载试验的主要测点（即控制测点或加载试验效率最大部位测点）可按下式计算校验系数 η：

$$\eta = \frac{S_e}{S_s}$$

式中，S_e——试验荷载作用下量测的弹性变位（或应变）值；

S_s——试验荷载作用下的理论计算变位（或应变）值。

②S_e与S_s的比较，可用实测的横截面平均值与计算值比较，也可考虑荷载横向不均匀分布而选用实测最大值与考虑横向增大系数的计算值进行比较。横向增大系数采用实测值，如无实测值也可采用理论计算值。

③对加载试验的主要测点，应按下式计算其相对残余变位（或应变）：

$$\Delta S_p = \frac{S_p}{S_t} \times 100\%$$

式中，ΔS_p—相对残余变位（或应变），S_p、S_t意义同前。

在静载试验结束后，对比测试数据与理论计算数据，得到桥梁的承载数据。桥梁工程中常采用校验系数η来评判桥梁的情况。校验系数是检测值与理论计算值的比值。当校验系数η=1时，表示实测值与计算值完全吻合；当校验系数η＜1时，表明检测桥梁具有良好的性能，结构安全性可靠；当校验系数η＞1时，说明测试桥梁不符合标准，桥梁结构安全性不满足要求。此外，校验系数也不能偏小，原因是桥梁结构计算简化过度，忽略了桥梁自重。例如常见的公路桥梁，常采用表3-2中的校验系数。

表3-2 常见桥梁校验系数

桥梁类型	应变（应力）校验系数	挠度校验系数
钢筋混凝板桥	0.20~0.40	0.20~0.50
钢筋混凝梁桥	0.40~0.80	0.50~0.90
预应力混凝土桥	0.60~0.90	0.70~1.00
圬工拱桥	0.70~1.00	0.80~1.00
钢筋混凝土拱桥	0.50~0.90	0.50~1.00
钢桥	0.75~1.00	0.75~1.00

（3）残余数值分析。处于完全弹性变形内的结构其静力荷载卸载完成后不存在残余应力（应变）。当试验残余数值越小，表明桥梁的工作状态越好，相反桥梁可能发生塑性变形较大，部分变形无法恢复，桥梁可能发生了破坏。常见的桥梁静载试验其残余应变的数值应≤20%。若出现较大残余应变则需要对桥梁全面检查，判断桥梁的损坏情况。

综上所述，静载试验是桥梁检测中最常用的方法，能够检测出桥梁的承载能力和结构性能，综合判断桥梁的健康状况，为桥梁的维护管理提供有力参考。本文从桥梁静载试验目的和意义出发，分三个阶段详细总结了桥梁静载试验方法和内容。检测技术人员应从整体上把控静载试验的关键内容，及时发现桥梁的隐患，保障桥梁的正常运营。

此外，根据静载试验对象的实际情况，还必须把握以下三个主要环节。

（1）明确试验目的，抓住主要问题。桥梁结构静载试验涉及理论计算、测点布置、加载测试、数据分析与整理等多个方面，因此，在进行试验之前一定要明确试验目的，预测试验桥梁的结构行为。只有这样才能有的放矢，合理地选择仪器设备，准确地确定加载设备及加载程序，科学地布置测点和测试元件，充分地利用有限的人力、物力及其他有利条件，采取各种必要的手段，以达到预期的试验效果。

（2）精心准备、严密组织。桥梁结构静载试验由于观测项目多、测点多、仪器设备多，故要求试验工作必须有严格的组织统一的指挥，并能够紧密结合、协同作战。在正式试验之前，要做好充分的准备，对一些关键性的测试项目和测点要考虑备用的测试方法，注意防止和消除意外事故。大量事实表明，如果试验工作的某些环节考虑不周，轻者会使试验工作不能顺利进行，重者会导致整个试验工作的失败。

（3）加强测试人员的培训，提高测试水平。参加试验检测的工作人员，必须在试验之前熟练地掌握仪器、设备的性能、操作要领以及故障排除技术和技巧，了解本次试验的目的、程序和测试要求，及时发现、反映试验过程中的问题。

总之，桥梁结构是承受恒载、车辆荷载、人群荷载等主要荷载的结构物。当车辆以一定速度在桥梁上通过时，由于发动机的抖动、桥梁的不平顺等原因，会导致桥梁结构产生振动。此外，人群荷载、风荷载、地震、环境因素的作用也会引起桥梁振动。影响桥梁结构振动的因素比较多，涉及的理论比较复杂，仅靠理论或计算分析无法满足工程实践的要求，一般多采用理论分析模拟与现场实测相结合的研究方法。因此，振动测试是解决工程振动问题的必要手段。近二十年来，随着计算机的普及与自动化技术的发展，振动测试技术取得了很大的进步：一方面表现在风洞试验、模拟地震振动台试验、拟动力试验逐步成为主要手段，另一方面表现为工程结构在风荷载、车辆荷载、地震荷载作用下动力反应的现场测试手段也得到了很大的改进。

（二）动载试验方法

桥梁动载试验与静载试验在试验目的、测试内容等方面有所不同，但可以相互补充、相互印证，对于全面分析、掌握桥梁结构的工作性能是同等重要的。就试验步骤而言，其基本上与静载试验相同，动载试验也要经过准备、试验和分析总结三个阶段。就试验性质而言，动载试验可分为生产鉴定性试验和科学研究性试验两种。一般情况下，动载试验在现场实际结构上进行测试，也可根据桥梁的结构特点和实际需要在室内进行结构模型的动载试验，如在风洞内进行大跨度桥梁的风致振动试验，在模拟地震振动台上进行桥梁结构的地震响应试验研究等。

桥梁结构的动载试验中，常有大量的物理量，如位移、应变、振幅、加速度等，需要进行量测、记录和分析。在静载试验中，可以通过仪器、设备观测而直接获得数据序列。在动载试验中，可先通过仪器、设备将振动过程中大量的物理量进行测量并记录下来，这些随时间变化的物理量一般称为信号，而测得的结果称为数据。根据这些实测数据，可以进行有关振动量之间相互关系的分析。

信号的特征可用信号幅值随时间变化的数学表达式、图形或表格来表达，这类表达方式称为信号的时域描述，如加速度时程曲线、位移时程曲线等。信号的时域描述比较简单、直观，通过多个测点的时程曲线，可以分析出结构的振幅、振型、阻尼特性、动力冲击系数等参量，但不能明确揭示信号的频率成分和振动系统的传递特性。为此，常对信号进行频谱分析，研究其频率结构及其相应的幅值大小，即采用频域描述时需要把时域信号通过傅里叶变换的数学处理方法变换为频域信号。时域信号的傅里叶变换就是把确定的或随机的波形分解为一系列简谐波的叠加，以得到振动能量按频率的分布情况，从而确定结构的频率和频率分布特性。

动载试验的测试仪器主要包括高灵敏度的传感器、放大器、光线示波器、磁带记录仪、数字信号处理机及相应的谱分析软件等。要根据仪器的性能和使用传感器的特性选配不同的测试系统。

具体的试验方法如下：

1.自振特性试验

桥梁自振特性可采用脉动法测量。此法充分利用了环境振动的特点和结构在环境振动激励下的振动特征，是一种简易而可靠的方法，由于不需要使用笨重的激振设备，只需要使用高灵敏度的传感器、放大器、信号采集设备和一套相应的谱分析软件，就可以测得结构自振特性。对结构来说，每个结构都有自己的固有频率，对于外界如环境振动的激励，由于相位的原因，和结构的固有频率相同或接近的激励能量容易被结构吸收，使结构在该频率下的振动能量增大;而和结构的固有频率相差较大的那些激励能量则很难被结构吸收，甚至会抵消结构振动的部分能量，在这些频率下结构的振动能量就比较小。用高灵敏度的传感器记录下结构在环境振动激励下的振动信号进行分析，即可得到结构的自振特性。脉动试验的测点布置可根据桥梁的对称性，测点采用半桥布置，在各特征位置布置竖向测点和横桥水平向测点。对各测点时程记录进行谱分析，得出各测点的频谱图。由频谱图可以得出桥梁的竖向和横向各阶自振频率。将实测结果与理论值进行比较，可以评估结构的刚度特性。一般要求试验实测的桥梁频率要大于理论建模分析得到的频率，这是由于实际建模中忽略了横隔梁和桥面铺装等的刚度贡献，而实际上两者均增大了桥梁的刚度。

由脉动试验数据，结合各种识别方法，如基于功率谱分析、随机减量法或希尔伯特变换，可以计算出结构振动各阶模态的阻尼比。一般而言，新建成桥梁的阻尼比值比较小，而年代久远的桥梁阻尼比值会大一些，但如果实测桥梁的阻尼值特别大，则该桥可能存在着较严重的损伤（阻尼值过大的原因往往是结构中存在着过多的裂缝）。

2.无障碍行车试验

无障碍行车试验主要是测试试验重车以各种不同时速驶过桥梁时，桥梁各主要特征部位的动力响应，如各跨跨中，1/4跨，3/4跨的竖、横向最大振幅，由此可计算得到冲击系数。跑车试验的车速，可以根据设计最高速度来确定，如设计最高时速80km/h，试验重车可以以5、10、20、40、60、80 km/h的速度进行跑车试验。由于试验点可能比较离散，试验时每个车速跑车3～4次，试验结果取平均值。记录下每个跑车试验速度下各测点的时程曲线。由各测点在每个车速下的时程曲线，求出每个车速下各测点的最大振幅值，分析出各跨的最大振幅在不同车速下的规律。

根据跑车时中跨跨中的竖向振幅和以中跨跨中为最不利加载截面加载时中跨跨中的静挠度，计算出桥梁的冲击系数。冲击系数u=（Ai-A0）/A0。其中，Ai为各车速下的中跨跨中的竖向最大振幅;A0为各车速下中跨跨中的静挠度。将实测冲击系数与设计值进行比较，并根据计算结果，绘制冲击系数随车速变化的曲线，得出冲击系数与车速之间的关系。找出各测点横向振幅最大值，并与车桥振动分析计算结果进行比较，可以分析行车舒适度。

3.制动试验

试验汽车以30—50km/h，驶过桥梁，制动位置为动态效应较大的位置。在主梁最大振幅处或制动墩的墩顶位置刹车，测量桥梁各特征部位的竖向振幅、横向振幅和纵向振幅。试验也应进行多次，而试验结果取平均值。制动试验的测点布置与跑车试验的测点布置基本相同。记录制动试验各测点的时程曲线。由列车制动时顺桥水平向测点的衰减曲线，可求得桥梁的顺桥向自振频率及百分比阻尼。由各测点在制动时的时程曲线，求出各测点的最大振幅值，同样也可以得到制动试验时的冲击系数。对于漂浮体系桥梁，应测试主梁纵向位移等项目。

4.有障碍行车试验

可设置如图 3-1 所示的弓形障碍物模拟桥面坑洼进行行车试验，车速宜取 5—20km/h，障碍物宜布置在结构冲击效应显著部位。冲击由压电加速度传感器拾振，配电荷放大器进行信号转换，利用动态信号采集分析仪进行数据采集和分析，同样可以得出桥跨结构固有频率和阻尼比;需注意的是此时桥梁固有频率包括了试验车辆这一附加质量的影响。由跳车试验也可以得到冲击系数，需注意以上行车试验、制动试验和跳车试验所得到的冲击系数一般应差别不大。

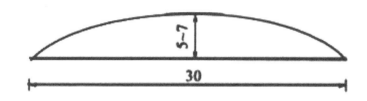

图 3-1 弓形障碍物横断面示意图（尺寸单位：cm）

动载试验能够得到桥梁结构的模态参数及强迫振动响应，结果准确、可靠，在实际中得到了广泛应用，但它对仪器的灵敏度要求较高，结果受设备的性能限制较大，不能及时了解结构的实际工作状态。如桥梁是否出现裂缝，裂缝发展状况如何等，这些情况对受动力荷载为主的桥梁结构是至关重要的。目前，许多国家都是采用静态和动态相结合的传统检测方法对已有桥梁检测和评估。可以预见的是，随着科学技术的发展，静动载试验方法必然会得到提高，更多简单有效评估桥梁承载力的方法将出现。促进更好检测设备的研究与开发，完善行业检测内容，加强行业队伍的建设也是未来应该注意的重要工作。通过合理设计静动载检测方法，辅以布设长期监测设备，逐步建立桥梁健康检测系统，确保桥梁的长期安全营运，以发挥最佳经济效益和社会效益。

三、荷载试验的程序

（一）静载试验的程序

一般情况下，桥梁静载试验分为三个阶段，即桥梁结构的考察与试验工作准备阶段、加载试验与观测阶段、测试结果的分析总结阶段。

桥梁结构的考察与试验工作准备阶段是桥梁检测顺利进行的必要条件。桥梁检测与桥梁设计计算、桥梁施工状况关系密切，准备工作包括技术资料的搜集、桥梁现状检查、理论分析计算、试验方案制订、现场实施准备等一系列工作。这一阶段的工作是大量而细致的。实践证明，检测能否顺利完成很大程度上取决于检测的前期准备。这一阶段的具体内容如下。

1.技术资料的搜集

技术资料包括桥梁设计文件、施工记录、监理记录、原有试验资料、桥梁养护与维修记录、环境因素的影响、现有交通量及重载车辆的情况等。

2.桥梁现状检查

桥梁现状检查包括桥面平整度、排水情况、纵横坡的检查，承重结构开裂与否及裂缝分布情况、有无露筋现象及钢筋锈蚀程度、混凝土剥落碳化程度等情况的检查，支座是否老化、河流冲刷情况、基础有无冻融灾害等方面的检查。通过桥梁现状检查，可对试验桥梁的现状作出宏观的判断。

3.理论分析计算

理论分析计算包括设计内力计算和试验荷载效应计算两个方面。设计内力计算是指按照试验桥梁的设计图纸与设计荷载，按照设计规范，采用专用桥梁计算软件或通用分析软件，计算出结构的设计内力；试验荷载效应计算是指根据实际加载等级、加载位置及加载重量，计算出各级试验荷载作用下桥梁结构各测点的反应，如位移、应变等，以便与实测值进行比较。

4.试验方案制订

试验方案制订包括测试内容的确定、加载方案设计、观测方案设计、仪器仪表选用等方面。试验方案是整个检测工作的技术纲领性文件，因此必须具备全面、翔实、操作性强等基本特点。

5.现场准备

现场准备包括搭设工作脚手架、设置测量仪表支架、测点放样及老面处理、测试元件布置、测量仪器仪表安装调试、通信照明安排等一系列工作。现场准备阶段工作量大、工作条件复杂，是整个检测工作中比较重要的一个环节。

加载试验与观测阶段是整个静载试验检测工作的中心环节。这一阶段的工作是在各项准备工作就绪的基础上，按照预定的试验方案与试验程序，选取适宜的加载设备进行加载，运用各种测试仪器观测试验结构受力后的各项性能指标，如挠度、应变、裂缝等，并记录各种观测数据和资料，对于静载试验，应根据当前所测得的各种指标与理论计算结果进行现场分析比较，判断受力后的结构行为是否正常，是否可以进行下一级加载，以确保试验结构、仪器设备及试验人员的安全。

测试结果的分析总结阶段是对原始测试资料进行综合分析的阶段。原始测试资料包括大量的观测数据、文字记载和图片等。受多种因素影响，原始测试数据一般缺乏条理性和规律性，难以直接揭示试验结构的内在行为。因此，需要对其进行分析整理，去伪存真，去粗存精，由表及里地进行综合分析比较，从中提取有价值的资料，揭示结构的受力特征。对于一些数据或信号，有时还需要按照数理统计或其他方法进行分析，或依靠专门的分析仪器和软件进行分析处理，或按照有关规程的方法进行计算。这一阶段工作的好坏会直接影响整个检测工作的质量。测试数据经过分析处理后，按照检测的目的和要求，依据相关规范、规程，对检测对象作出科学准确的判断和评价。

最后，综合上述的内容，形成桥梁静载试验报告。

（二）动载试验程序

桥梁动载试验是在桥梁处于振动的状态下，利用振动测试仪器设备对振动系统中的各种振动物理量进行测定、记录并加以分析的过程。在进行动载试验时，首先应通过激振方法使得桥梁处于某种特定的振动状态，以便进行相应项目的测试。其次，要合理选取测试仪器设备组成振动测试系统，振动测试系统一般由拾振部分、放大部分和分析部分组成。这三个部分可以由专门仪器设备配套集成使用，也可以组配使用。具体操作时，根据试验的环境条件和试验的要求，选择组配合理的振动测试系统。仪器设备组配时不仅要考虑频带范围，而且要注意仪器设备间的阻抗匹配问题，再次，要根据测试桥梁的特点，制订测试内容、测点布置和测试方法。例如对于混凝土简支梁桥的动载试验，一般的试验项目有：跨中截面的动挠度、跨中截面钢筋或混凝土的动应力。最后，利用相应的专业软件对采集的数据或信号进行分析，即可得出桥梁结构的频率、振型、阻尼比、冲击系数等振动参量。桥梁结构振动测试系统的工作原理如图 3-2 所示。

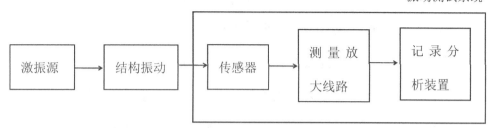

图 3-2 桥梁结构振动测试系统的工作原理

第二节 荷载试验的目的及主要内容

一、荷载试验的目的

桥梁荷载试验的目的是对新建桥梁进行竣工验收，对运营桥梁进行承载力评定，以检测桥梁的整体受力性能是否满足设计和标准规范的要求。桥梁荷载试验是对桥梁结构物的工作状态进行直接测试的一种鉴定手段。

根据国家的有关规定，大型桥梁竣工后应进行生产鉴定性质的试验。进行桥梁荷载试验时应力求达到以下目的：

（1）通过现场加载试验以及对试验观测数据、试验现象的综合分析，检验桥梁的设计与施工质量，确定工程的可靠性，为竣工验收提供技术依据。对于一些大中型桥梁或者具有特殊设计的桥梁，要求在竣工后通过荷载试验来检验桥梁整体受力性能和承载能力是否达到了设计文件和规范的要求，并将试验报告作为评定工程质量优劣的主要技术资料。

（2）直接了解桥跨结构的实际工作状态，判断实际承载能力，评价其在设计使用荷载下的工作性能。此外，对于旧桥，由于构件局部意外损伤、使用过程中出现明显病害、设计荷载等级偏低、原有设计资料遗失以及需要通过特种车辆等原因，都有必要通过荷载试验判定构件损伤程度及其实际承载力、受力性能的下降程度，确定其荷载等级。同时，荷载试验也是改建、加固设计的重要依据。

（3）验证设计理论、计算方法和设计中各种假定的正确性与合理性，为今后同类桥梁的设计施工提供经验和积累科学资料。

（4）通过动载试验可以测定桥跨结构的动力特性（自振频率、阻尼特性、振型等）、结构在动荷载作用下的强迫振动响应（振幅、动应力、加速度等）及其在长期使用荷载阶段的动力性能，评估实际结构的动载性能，此外还可以测定动荷载的动力特性。

（5）通过荷载试验建立桥梁健康模型，记录桥梁健康参数。

二、荷载试验的主要内容

桥梁的荷载试验是一项复杂而细致的工作，应根据试验的目的进行认真的调查，必要时应进行相关的理论分析。在此基础上制订周密的试验方案，对于所存可能出现的问题都要认真考虑并做好处理预案，制订切实可行的试验方案。综上所述，荷载试验的主要内容为：

（1）荷载试验的目的。

（2）试验的准备工作。

（3）加载方案的设计。

（4）测点的设置与测试。

（5）加载控制与安全措施。

（6）试验结果分析与承载力评定。

（7）试验报告的编写。

桥梁结构动载试验的主要任务是：

（1）测定动荷载的动力特性，即引起结构产生振动的作用力数值、方向、频率和作用规律等。

（2）测定结构的动力特性，如结构或构件的自振频率、阻尼特性及固有振型（模态）等。

（3）测定结构在动荷载作用下强迫振动的响应，如振幅、动应力、冲击系数及疲劳性能等。

（4）疲劳性能试验主要用于测定结构或构件的疲劳性能。

桥梁动载试验的内容一般包括跑车试验、跳车试验、制动试验和脉动试验。具体实施时，先进行脉动试验，然后进行跑车试验，再进行跳车试验，最后做制动试验。

（一）跑车试验（无障碍行车试验）

跑车试验的试验荷载，一般采用接近于检算荷载（标准荷载）重车的单辆载重汽车来充当。试验时，让单辆载重汽车分偏载和中载两种情形，以不同车速匀速通过桥跨结构，测定桥跨结构主要控制截面测点的动应力和动挠度时间历程响应曲线。

（二）跳车试验（有障碍行车试验）

跳车激振的试验荷载，一般采用接近于检算荷载（标准荷载）重车的单辆载重汽车来充当。在位移响应最大位置放置一块高 10cm 的弓形木楔，车辆以 10km/h 的速度通过木楔，记录桥梁的动应变和动位移响应。

（三）制动试验（刹车试验）

制动试验是测定车辆在桥上紧急制动时产生的响应，用以测定桥梁承受活载水平力的性能制动试验是以行进车辆突然停止作为激振源，试验时车辆以不同速度停在预定位置，记录动态成变和位移（加速度）响应。

（四）脉动试验

脉动试验是指在桥面上无任何交通荷载以及桥址附近无规则振源的情况下，测定桥跨结构由于桥址处风荷载、地脉动、水流等随机荷载的激振而引起的桥跨结构微小振动响应。

第三节 静载试验检测的组织与实施

一、静载试验检测的现场组织与方案的实施

（一）试验检测的现场组织

1.试验孔（墩）的选择

试验孔（墩）的选择应结合桥梁调查与检算工作一并进行。对多孔结构中跨径相同的桥孔（墩），可选择 1~3 个具有代表性的桥孔（墩）进行荷载试验。选择时应综合考虑以下条件：

（1）该孔（墩）计算受力最不利。

（2）该孔（墩）施工质量较差，缺陷较多或病害较严重。

（3）该孔（墩）便于搭设脚手架，设置测点，或便于试验加载的实施。

2.搭设测试脚手架和测试支架

试验前，应对观测脚手架的搭设及测点附属设施的设置、静载试验加载位置的放样与卸载位置的安排、试验人员的组织与分工进行详细的计划与安排。

脚手架的搭设要因地制宜、牢固可靠，方便布置、安装观测仪表，同时要保证不影响仪表和测点的正常工作，不干扰测点附属设施。在不便搭设固定脚手架的情况下，可考虑采用轻便灵活的吊架、挂篮或专用的桥梁检查设备，如检查车、检查架等。晴天进行加载时，在阳光直射的应变测点处应设置遮挡阳光的设备。以减小温度变化引起的误差；雨季加载时要备好防雨设施。

3.静载试验加载位置的放样与卸载位置的安排

静载试验前应在桥面上对加载位置进行放样，以便于加载试验的顺利进行。如加载程序较少时间允许时可在每个程序加载前临时放样，如加载程序较多，则应预先放样，且用不同颜色的标志区别不同加载程序时的荷载位置。

静载试验时荷载卸载的安放位置应预先安排。选择卸载位置时既要考虑加、卸载的方便，离加载位置近一些，又要使安放的荷载不影响试验孔（墩）的受力，一般可将荷载安放在桥台后的一定距离处。对于多孔桥，如有必要可将荷载停放在桥孔上，一般应停放在距试验孔较远处，以不影响试验观测为度。

4.试验人员的组织与分工

桥梁的荷载试验是一项技术性较强的工作，应由有资质的公路桥梁检测机构或专门的桥梁试验队伍来承担。桥梁试验队伍一般由桥梁结构工程师、专业技术测试人员、仪器仪表工程师等技术熟练的不同专业、不同层次的人员组成。试验时应根据每个试验人员的特长进行分工，每人分管的仪表数目除考虑便于进行观测外，应尽量使每人对分管仪表进行一次观测所需的时间大致相同。所有参加试验的人员应熟练掌握所分管的仪器设备，否则应在正式开始试验前进行演练。为使试验有条不紊地进行，应设试验总指挥 1 人，其他人员的配备可根据具体情况考虑。

5.其他准备工作

根据加载进行的项目和桥址处的交通状况，做好加载试验的安全措施、加载方式的选择、供电照明设施、通信联络设施、桥面交通管制等方面的准备工作。

（二）试验方案的实施

1.试验工作

试验开始前，要注意搜集天气变化资料，估算试验过程中的温度变化情况，落实交通疏解措施，尽可能保证试验在干扰较小的情况下进行，具体实施时的工作有：

（1）加载的位置、顺序、重量要准确无误，利用汽车加载时，要有专人指挥汽车行驶到指定位置。

（2）试验时，每台仪器设备应安排一个以上的观测人员进行观测记录，每级荷载作用下的实测值要与对等的理论值进行比较，如有异常情况应立即检查、分析原因，并立即向试验指挥人员汇报，以便试验指挥人员作出正确判断。

（3）在每级荷载作用下，待结构反应稳定后，不同类别的测试项目（如应变、变形、裂缝）应在同一时间进行读数，如某些项目观测时间较长，则应将观测时间较短项目的读数安排在中间进行，以使设想测试项目读数同步。

（4）试验过程中，注意不要触动测试元件及两侧导线，以免造成读数的波动。

2.加载控制及终止条件

正式加载试验是整个实桥加载试验的核心内容，也是对试验准备工作的大检查。静载现场试验一般安排在晚上进行，主要考虑到减小加载时温度的变化和环境的干扰。如果干扰不大，或对数据不会产生任何影响（如适逢阴天，又如简支梁小桥加载车辆少、时间短的情况），就不一定非要安排在晚上加载。

在静载试验过程中，试验指挥人员应及时掌握各方面的情况，以对加载进行控制：既要取得良好的试验效果，又要确保人员、仪器设备及试验桥梁的安全，避免不应有的损失和事故。为此，应注意以下几点：

（1）严格按照预定试验方案的加载程序进行加载，试验荷载的大小、测试截面的内力大小都应由小到大逐步增加，并随时做好停止加载和卸载的准备。

（2）对变形控制点、应交控制点应随时观测、随时计算，必要时应对变形、成变控制点的量值变化进行在线实时监控观测，并将测试结果及时报告试验指挥人员。如实测值超过理论计算值较多、裂缝宽度急剧增大或听到异常的声响，则应暂停加载，待查明原因后再决定是否继续加载。

（3）加载过程中应指定专人注意观察结构薄弱部位是否有新裂缝出现，组合结构的结合面是否出现错位或相对错位滑移现象，结构是否出现不正常的响声，加载时墩台是否发生摇晃现象等。如发生这些情况应及时报告试验指挥人员，以便采取相应的措施。

（4）试验过程中发生下列情况时应及时终止加载。

①在某一级试验荷载作用下，控制点的应变急剧增大，或某些测点的应变处于继续增大的不稳定状态。

②在某一级试验荷载作用下，控制测点的应变或挠度超过规范允许值。

③加载过程中，结构原有裂缝的长度、宽度急剧增大，或超过规范限值的裂缝迅速增多，对结构的使用寿命造成较大影响。

④发生其他影响桥梁结构的正常使用或承载能力的损坏。

二、静载加载方案和测点的布置

（一）试验加载方案

1.荷载试验工况的确定

为了满足桥梁承载力鉴定的要求，应选择反映桥梁结构最不利受力状态的试验荷载工况，简单结构可选 1~2 个工况，复杂结构可适当多选几个工况。在进行荷载工况布置前，可通过截面内力（或变形）影响线进行理论分析，一般设两三个主要荷载工况，同时可根据试验桥梁结构的具体情况，增设若干个附加荷载工况。试验控制截面应根据具体的测试项目而定。在满足鉴定桥梁承载能力的前提下，加载试验项目应抓住重点，不宜过多，一般应有 2~3 个主要内力或位移控制截面。此外，可根据桥梁具体情况设置几个附加内力控制截面。表 3-3 中列出了常见桥型的试验荷载工况。

表 3-3 常见桥型的试验荷载工况

序号	桥型		内力或位移控制截面
1	简支梁桥	主要	1.跨中截面最大正弯矩和挠度。 2.支点截面最大剪力。
		附加	1.L/4 截面最大正弯矩和挠度。 2.墩台最大垂直力。
2	连续梁桥、连续刚构	主要	1.跨中截面最大正弯矩和挠度。 2.内支点截面最大负弯矩。 3.L/4 截面最大正弯矩和挠度。
		附加	1.端支点截面的最大剪力。 2.L/4 截面最大剪力。 3.墩台最大垂直力。 4.连续刚固结墩墩身控制截面的最大弯矩。
3	悬臂梁桥、T 形刚构	主要	1.锚固跨跨中最大正弯矩和挠度。 2.支点截面追单负弯矩。 3.挂梁跨中最大正弯矩和挠度。
		附加	1.支点截面的最大剪力。 2.挂梁支点截面或悬臂端截面最大剪力。

序号	桥型		内力或位移控制截面
4	拱桥	主要	1.拱顶截面最大正弯矩和挠度、拱脚截面最大负弯矩。 2.刚架拱上弦杆跨中最大正弯矩。
		附加	1.拱脚最大水平推力。 2.L/4 截面最大正、负弯矩及其最大正、负挠度绝对值之和。 3.刚架拱斜腿根部截面最大负弯矩。
5	钢架桥（包括框架、斜腿刚构和刚架-拱式组合体系）	主要	1.跨中截面最大正弯矩和挠度。 2.节点截面的最大负弯矩。
		附加	柱脚截面的最大负弯矩。
6	钢桁桥	主要	1.跨中、支点截面的主桁架杆件最大内力。 2.跨中截面的挠度。
		附加	1.L/4 截面的主桁架杆件最大内力和挠度。 2.桥面系结构构件控制截面的最大内力和变位。 3.墩台最大垂直力。

序号	桥型		内力或位移控制截面
7	斜拉桥与悬索桥	主要	1.主梁最大挠度。 2.主梁控制截面最大内力。 3.索塔塔顶水平变位。 4.主缆最大拉力、斜拉索最大拉力。
		附加	1.主梁最大纵向漂移。 2.主塔控制截面最大内力。 3.吊索最大索力。

2.试验控制荷载的确定

荷载试验时应以与设计荷载等级相应的活载效应控制值或有特殊要求的荷载效应值作为试验控制荷载。

根据桥梁需要鉴定承载能力的荷载：汽车＋人群（标准荷载）、平板挂车或履带车（标准荷载）。需通行的重型车辆，分别计算其对控制截面产生的最不利荷载效应（内力和位移），用产生最不利荷载效应较大的荷载作为试验控制荷载。

确定静力荷载试验中各测试项目的荷载大小和加载位置时，采用静力荷载试验效率 η_q 进行控制。为保证试验效果，荷载效率 η_q 应介于 0.85~1.05 之间。

设置安装好传感器后，就可以进行桥梁静载试验加载测试，如图 3-3 所示。

（a）   （b）

图 3-3 桥梁静载试验

3.试验荷载的加载分级与控制

为了获取结构试验荷载与变位的相关曲线以及防止结构发生意外损伤，对主要控制截面上试验荷载的施加应分级进行，对于附加控制截面一般只设置最大内力加载程序加载。

分级与控制原则为：

（1）当加载分级较为方便时，可按照最大控制截面内力荷载的工况将荷载均分为 4~5 级，每级加载时间在 20-30 分钟。

（2）当使用超重车加载，车辆称重有困难时也可分为 3 级加载。

（3）当桥梁的调查和验算工作不充分或桥况较差时，应尽量增多加载分级。如限于条件加载分级较少时，应注意每级加载时车辆荷载应逐辆缓缓驶入预定加载位置，必要时可在加载车辆未达到预定加载位置前分次对控制测点进行读数监控，以确保试验安全。

（4）在安排加载分级时，应注意加载过程中其他截面中的内力也应逐渐增加，且最大内力不应超过控制荷载作用下的最不利内力。

（5）根据具体条件决定分组加载的方法，最好每级加载后卸载，也可逐级加载，当达到最大荷载后再逐级卸载。

桥梁静载试验目前较多使用车辆荷载进行加载。对于车辆荷载来说，加载分级的方法一是逐渐增加加载车的数量，二是先上轻车后上重车，三是加载车位于内力影响线的不同部位，四是加载车分次装载重物。

荷载试验应选择在温度较为稳定的时间段内进行，加载试验时间一般以当日晚 10 时至次日晨 6 时为宜。

（二）试验测点的布置

1.测点布置的原则

布置测点时应遵循必要、适量、方便观测的基本原则，并使观测数据尽可能准确、可靠，具体可按照以下几点进行：

（1）测点位置应具有代表性，以便进行测试数据分析。例如简支梁桥跨中处的截面挠度最大，上下缘混凝土应力也最大，这种代表性的测点必须予以量测。

（2）测点的设置一定要有目的性，避免盲目设置测点。在满足试验要求的前提下，测点不宜设置过多，以便使试验工作重点突出，提高效率，保证质量。

（3）测点的布置要有利于安装与观测，并便于试验操作。要求测点在布置上宜适当集中，对于测试读数比较困难、危险的部位，应有妥善的安全措施或采用无线传输设备进行测试。

（4）宜布置一定数量的校核性测点以保证测试数据的可靠性。在现场检测过程中，由于偶然因素或外部干扰的作用，会有部分测试仪器不能处于正常工作状态或发生故障，从而影响量测数据的可能性。因此，在量测部位应布置一定数量的校核性测点，如对于一个对称截面，在同一截面同一高度处的应变测点不成少于 2 个，同一截面的应变测点不应少于 6 个。

（5）在试验时，有时可利用结构对称互等原理进行数据的分析校核，从而可适当减少测点数量。例如，简支梁在对称荷载作用下，L/4、3L/4 截面处的挠度相等，两个截面对应位置的应变也相等，利用这一特性，可适当布置一些测点来校核数据。

2.基本观测内容与测点的布置

一般情况下，桥梁静载试验所观测的主要内容涉及挠度、结构正应变、剪切应变、温度等。基本观测内容有以下几点。

（1）结构的最大挠度和扭转变位，包括桥梁上、下游两侧的挠度差及水平位移等。

（2）结构控制截面中的最大应力（或应变），包括混凝土表面应力和最外缘钢筋应力等。

（3）支点沉降、墩台位移与转角，活动支座的变位等。

（4）桁架结构支点附近杆件及其他细长杆件的稳定性。

（5）裂缝的出现和扩展，包括初始裂缝的出现，裂缝的宽度、长度、间距、位置、方向和性状，以及卸载后的闭合情况。

（6）温度变化对结构控制截面测点应力和变位的影响。

（7）根据桥梁调查和检算的深度，综合考虑结构特点和桥梁技术现状等，可适当增加以下观测内容：

①桥跨结构挠度沿桥长或沿控制截面桥宽的分布。

②结构构件控制截面应力分布图，要求沿截面高度分布不少于 5 个应变测试点，包括最边缘和截面突变处的测点。

③控制截面的挠度、应力（或应变）的纵向和横向影响线。

④行车道板跨中和支点截面处的挠度或应变影响面。

⑤组合构件结合面的上、下缘应变。

⑥支点附近结构斜截面的主拉应力。

主要测点的布置不宜过多，一般情况下，主要测点的布置应能控制结构的最大应力（或应变）和最大挠度（或位移）。

三、静载试验仪器设备

进行桥梁静载试验时，需要量测结构的反力、应变、位移、倾角和裂缝等物理量，应选择适当的仪器设备进行量测。常用的量测仪器有百分表、千分表、位移计、应变计（应变片）、应变仪、精密水准仪、经纬仪、全站仪、倾角仪和刻度放大镜等。这些测试仪器设备按照工作原理可分为机械式仪器、电测仪器、光测仪器等。

机械式仪器具有安装使用方便、迅速和读数可靠的优点，但需要搭设观测脚手架，而且需用试验人员较多，观测读数费时，不便于自动记录，电测仪器安装调试比较麻烦，影响测试精度的因素较多，但测试和记录较方便，便于数据的自动采集记录。光测仪器是利用光学原理对测试结果进行转换放大、显示，主要包括精密水准仪、经纬仪、全站仪、光电挠度仪和刻度放大镜等。从目前的使用情况看，结构试验中使用的量测仪器多为电测式，机械式仪器已不多用。从发展的角度看，量测仪器未来的发展趋势主要体现在数字化和集成化两方面。

荷载试验应根据测试内容和量测值的大小选择仪器设备，试验前应对测试值进行理论分析估计，以便选择仪器的精度和量测范围。根据测试的需要，在选择仪器设备时要遵循以下几点原则：

（1）所用仪器设备应是经过计量检定的。

（2）必须从试验的实际情况出发，选用的仪器设备应满足测试精度的要求，一般情况下要求测量结果的最大相对误差不超过 5%。

（3）在选用仪器设备时，既要注意环境适用条件，又要避免盲目追求精度，因为一般使用精度较高量测仪器设备时，往往要求有较为良好的环境条件。

（4）为了简化测试工作，避免出现差错，量测仪器设备的型号、规格在同一次试验中的种类愈少 愈好，应尽可能选用同一类型或规格的仪器设备。

（5）仪器设备应当有足够的量程，以满足测试的要求。试验中途的调试，会增加试验的误差。

（6）由于现场检测的测试条件较差，受外部环境因素的影响较大，故一般来说，电测仪器的适应性不如机械式仪器，而机械式仪器的适应性不如光测仪器。因此，应根据实际情况，选用既简便、可靠又符合要求的仪器设备。例如，当桥下净空较大、视野良好、测点较多、挠度较大时，桥梁挠度观测宜选用光学仪器（如精密水准仪），而单片梁静载试验挠度的量测宜采用百分表。

常用的桥梁静载试验仪器设备如表3-4。

表 3-4 常用的桥梁静载试验仪器设备

序号	名称	单位	用途
1	全站仪	台	测试桥梁结构的三维坐标
2	光电测挠仪	台	测试桥梁结构的挠度
3	精密水准仪	台	测试桥梁结桥面的线形
4	光电测距仪	台	精确距离的测量

序号	名称	单位	用途
5	刻度放大镜	个	测试裂缝的宽度
6	千分表/磁性表座	套	测试裂缝的发展情况
7	笔记本电脑	台	数据分析及结构分析计算
8	数码相机	台	拍摄桥梁结构照片
9	电阻应变仪	台	桥梁静载试验
10	程控静态应变仪	台	桥梁静载试验
11	应变片（200mm×8mm）	组	桥梁静载试验
12	百分表（10mm）	只	桥梁静载试验
13	读数显微镜（20d）	只	裂缝检测
14	钢尺	把	结构尺寸测量
15	铝合金	个	桥梁检查、检测使用
16	砂轮机、探照灯等	套	桥梁检查、检测使用
17	对讲机	部	现场通信工具

第四节 动载试验检测的组织与实施

一、试验检测的现场组织

动载试验前，首先应按照试验方案进行准备工作，其内容主要包括：

（1）搜集与试验桥梁有关的设计资料和图纸，详细研究确定试验荷载。

（2）现场调查桥上和连接线线路状况、线路容许速度和车辆实际过桥速度。

（3）了解有关试验部位的情况，确定导线布置和布线方案以及仪器安放位置。

（4）对拟开展试验的项目和测试点进行理论分析计算，得出试验荷载作用下结构的应力、位移 及自振频率，以便与实测值进行比较分析。

二、试验检测的方案实施

（一）试验方法

在进行桥梁动载试验时，要设法使桥梁结构产生一定的振动，然后应用测振仪器加以量测和记录，通过对记录的振动信号进行分析得到桥梁的动力特性和响应。可用于桥梁动载试验的方法很多，应根据被测桥梁的结构形式和刚度大小选择激振效果好、易于实施的方法。

1.自振法（瞬态激振法）

自振法的特点是使桥梁产生有阻尼的自由衰减振动，记录到的振动图形是桥梁的衰减振动曲线，常用突加荷载法和突卸荷载法两种方法。

（1）突加荷载法是在被测结构上急速施加一个冲击作用力。在现场测试中，采用试验车辆的后轮从三角垫块上突然落下的方法对桥梁产生冲击作用，激起桥梁的竖向振动，简称"跳车试验"

（2）突卸荷载法是指在结构上预先施加一个荷载作用，使结构产生一个初位移，然后突然卸去荷载，利用结构弹性使其产生自由振动。为卸落荷载，可通过自动脱钩装置或剪断绳索等方法，也可专门设计断裂装置。

当预先施加的力达到一定数值时，在绳索中间的断裂装置突然断裂，进而激发结构振动。

2.共振法（强迫振动法）

共振法是指利用激振器对结构施加激振力，使结构产生强迫振动，改变激振力的频率而使结构产生共振现象从而确定结构的动力特性。对于原型桥梁结构，常常采用试验车辆以不同的行驶速度通过桥梁，使桥梁产生不同程度的强迫振动，简称"跑车试验"。

3.脉动法

脉动法是指利用桥梁结构由于外界各种因素所引起的微小而不规则的振动来确定其结构动力特性，例如悬索桥、斜拉桥、塔墩以及具有分离式拱肋的大跨度下承式或中承式拱桥可采用此方法，这些微小振动常称为"脉动"，主要由附近的车辆、机器等的振动，附近地壳的微小破裂和远处的地震传来的脉动所产生。

（二）测点布置

1.振型测点布置

应事先了解理论振型，测点数目要足以连接曲线并尽可能布置在控制断面上。选择合适的参考点（将一个拾振器放在参考点上，始终不动），分批移动其他拾振器到所有测点上，使用的测点越多，可以测到的振型阶数就越多。

2.动应变测点布置

可以使用静态应变测试用的应交片。动应变测点一般选择在应变响应最大位置，如支座顶板以及跨中底板。

3.动位移（加速度）测点布置

桥梁结构动位移测试包括竖向位移及横向位移测试，测点一般选择在位移响应最大位置，如跨中位置。

（三）测试工作

1.跑车试验（无障碍行车试验）

进行跑车试验前，应使用跑车试验车辆进行相应的静态试验：将车辆放置在测点响应最大位置，记录车辆的最大静态应变和位移值，以便和动态响应值进行比较，计算冲击系数。

跑车试验的试验荷载，一般采用接近于检算荷载（标准荷载）重车的单辆载重汽车来充当。试验时，让单辆载重汽车分偏载和中载两种情形，以不同车速匀速通过桥跨结构，测定桥跨结构主要控制截面测点的动应力和动挠度时间历程响应曲线。每个速度至少测试两次，跑车速度一般定为5km/h、10km/h、20km/h、30km/h、40km/h、50km/h、60km/h，实际试验速度应根据桥梁现场情况确定，在车辆上安排1名试验人员，准确记录跑车的实际运行速度。跑车试验如图3-4所示。

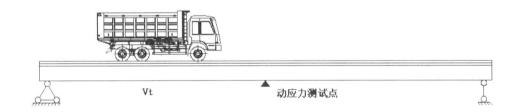

图 3-4 跑车试验（无障碍行车试验）示意图

跑车试验主要记录车辆在桥上移动时的振动应变和振动位移、速度和加速度，每次记录应待桥梁振动基本衰减完成为止。

2.跳车试验（有障碍行车试验）

跳车激振的试验荷载，一般采用近于检算荷载（标准荷载）重车的单辆载重汽车来充当。在位移响应最大位置放置一块高 10cm 的弓形木楔，车辆以 10km/h 速度通过木楔，记录桥梁的动应变和动位移响应。跳车试验的动力响应与车辆的运行速度和木楔的位置有关。

3.制动试验（刹车试验）

制动试验是测定车辆在桥上紧急制动时产生的响应，用以测定桥梁承受活载水平力的性能。制动试验以行进车辆突然停止作为激振源，车辆以不同速度停在预定位置，记录动态应变和位移（加速度）响应，通过频谱分析可以得到相应的强迫振动频率、结构阻尼参数。

4.脉动试验

脉动试验是指在桥面上无任何交通荷载以及桥址附近无规则振源的情况下，测定桥跨结构由于桥址处风荷载、地脉动、水流等随机荷载的激振而引起的桥路结构微小振动响应。脉动试验主要记录桥梁的脉动加速度响应，可以进行振动模态（振型）分析和结构自振特性分析。脉动试验时间一般较长，每测点记录时间一般不少于 30min，通过频谱分析可以得到结构的自振频率和结构阻尼，结合跳车、跑车和制动试验的测试数据，可以得到更加准确的结构自振频率和阻尼参数。

第四章 桥梁检测新技术及应用研究

第一节 城市桥梁定期检测新技术研究

一、光纤传感检测技术

光纤传感检测技术是桥梁工程定期检测中最为常用的技术，在具体的应用过程中，可直接利用光纤来对某些物体的特定物理量的敏感性进行检测，而探测到的物理量能够直接转换为可测量的光信号。光纤本身是一种相对特殊的媒介，其能够在检测的过程中作为传播媒介，当光波穿过被检测物体的结构时，光波的特征参量会发生明显的变化，主要是由于在外界环境的改变下，这些特征参量具有高度敏感性。近年来，我国光纤传感检测技术的发展日益成熟。在城市桥梁检测中，光纤传感检测技术是一种有效的检测技术，应用此技术能够实现对桥梁预应力、钢索索力、混凝土内部应力、应变特性等的检测。与一般的检测技术相比，其检测优势主要体现在检测过程中基本不会受到外部环境因素的干扰，具有较强的抗电磁干扰能力、耐腐蚀；对测量介质的影响相对较小，在检测过程中的分辨率与灵敏度很高，具有较强的实用性。

但是，光纤传感检测技术的投资成本相对较高，一定程度上限制了其应用。光纤传感检测技术中检测的物理量主要包括电流、电场、位移、辐射、水位、振动、温度与压力等，当光纤在感受到这些物理量的变化后，能够对桥梁实施有效的检测与质量判定，光纤传播如图4-1所示。

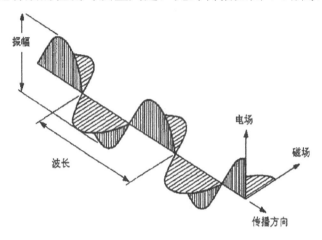

图 4-1 光纤传播示意图

另外，拉力作用是造成物理量变动的主要原因，在此作用下，光纤能获得应变频率，专业人员可根据频率分布充分掌握桥梁在投入使用后的受力变化情况。为达到光纤传感检测效果，在桥梁建设施工的过程中，需将光纤传感器安装于桥梁内部，并连接两端的报警器，一旦桥梁承受的荷载较大时，报警器会直接进行报警与反馈，实现桥梁质量的评估。

二、红外热像感应技术与雷达波

技术的进步推动了桥梁定期检测新技术的出现，红外线热像感应技术与雷达波技术同样是新型的检测技术。在城市桥梁检测中，应用红外线热像感应技术与雷达波技术检测时，所获得的检测信息更为精确，且检测更为便捷与高效，操作相对简单，在检测过程中也不需要投入大量的人力与物力，也不会影响正常的交通通行。

使用红外摄像机拍照能够获得桥梁的温度层次变化，进而详细掌握桥梁的厚度信息。通过热图重构融合红外图像，具体步骤如下：

（1）将红外热像仪收集到的视频文件转灰度矩阵，包括将视频转为图像、提取图像温度信息、图像向量化以及按时间顺序组合列向量生成新的矩阵，示意如图 4-2 所示；

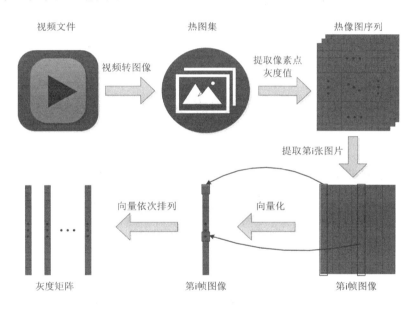

图 4-2 视频转化为矩阵过程

（2）将获取的灰度矩阵里每个像素点温度响应曲线从时域转换到对数域，其中灰度矩阵中每一行即为一个点像素在时域的变化情况。点像素随时间变化的温度响应曲线如图 4-3 所示；

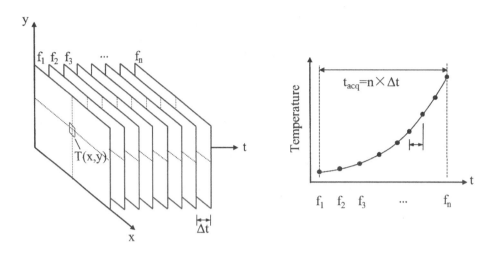

图 4-3 像素随时间变化的温度响应图

（3）多项式拟合每个像素点的对数温度变化，并求其一阶、两阶偏导，从而得到重构的热图序列。

超声检测技术下的雷达所发射的电磁波能够进行桥梁中空心结构、裂缝等的检测。

从电磁波的传播分析，在钢筋混凝土环境中，电磁波会出现强烈的反射波，结合电磁波的波形和传播速度，获得钢筋位置和桥梁相关参数。采用雷达检测技术可以准确反映桥梁结构内容情况，电磁波反射信号如图 4-4 所示。

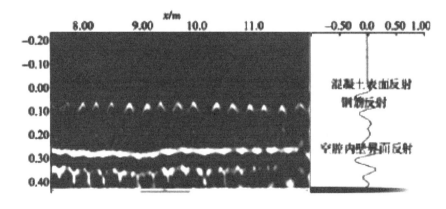

图 4-4 雷达电磁波反射信号示意图

三、神经网络检测技术

神经网络检测技术是以人工神经网络为基础构建的 BP 模型，在该模型中存在映射的反映。而此映射反映能够对桥索进行受力情况的检测，对桥梁受力的分析能够保障桥梁的安全性。此种检测技术下所获得的检测结果也相对可靠，具有检测的技术优势。

四、预应力检测相关技术

在桥梁建设和管养过程中，对预应力的检测也是常规检测的重要内容。在检测过程中，其检测可以通过电磁效应与超声波检测来实现。电磁效应检测技术主要是通过磁场的变化来对桥梁的质量进行检测。应用该技术时，后张力筋的应力损失可以通过漏磁来获得，使检测精度更高。当出现明显的应力变化后，体积膨胀会造成区域内磁路面积、通量的变化，专业人员可以根据通量的变化实现应力变化的检测。总体上来说，通过电磁效应检测技术检测桥梁预应力具有检测效率高、时效性强、检测精度高的优势。但是，应用电磁效应检测技术时，材料与外部环境因素等会对检测结果造成一定的影响，导致检测结果的质量难以得到保障。超声波检测技术是一种无损检测技术，主要利用超声波的传输来获取桥梁的情况。在检测过程中，超声波在混凝土中的传输速度可以作为评价混凝土抗压强度的重要指标，还能够利用超声波检测技术进行混凝土裂缝等的检测。

冲击回波技术（预应力管道注浆密实度检测） 是在结构表面施以微小冲击，产生应力波，当应力波在结构中传播遇到缺陷与 底面时将产生回反射波，可判断有无缺陷及其深度。这种检测方法可用于各类土木工程的混凝土内部缺陷探测和结构厚度检测，也适用于后张预应力管道注浆密实度检测。冲击回波检测技术如图 4-5 所示。

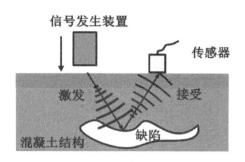

图 4-5 冲击回波检测技术示意图

五、桥梁声波 CT

桥梁声波 CT（混凝土内部缺陷检测）是利用声波穿透混凝土介质，通过声波走时和能量衰减的观测，反演区内混凝土的波速分布，最后运用 计算机层析成像（Computerized Tomography，简称 CT）技术将所有信息成像，得出整个检测区域内的混凝土质量波速云图，如图 4-6 所示。

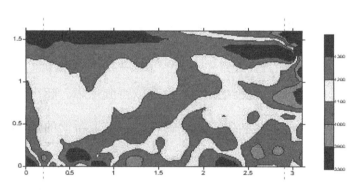

图 4-6 混凝土质量波速云图

六、桥梁三维扫描系统

全站扫描仪运用激光扫描全站技术和图像摄取技术，对结构进行全站扫描，并建立 3D 点云模型，直接获取目标高精度三维数据，通过计算得出结构三维变形。桥梁结构实体和三维模型图如图 4-7 所示。

图 4-7 桥梁结构实体和三维模型图

七、智能检测新技术

近年来，随着城市桥梁规模的逐步扩大，再加上桥梁在出行、经济发展方面的重要作用，各种检测技术逐步得到发展。比如，在一些大型的桥梁工程中，为了给定期检测提供便捷，人们常常会在桥梁的相关位置安装监测系统，用这些监测系统来对桥梁实施全天候的监测。在一些桥梁中，"智能桥梁支座"的应用能够获得桥梁相应的信息。作用于支座上的荷载与恒载获取到的分布信息，使桥梁结构运行、构件损坏等情况能够更为直观地反映出来。比如，当桥梁结构构件的强度存在冲击、变化等情况时，支座上的荷载分布情况也会发生变化。总之，"智慧桥梁支座"对桥梁损坏的敏感性很高，在桥梁相关位置安装的光学纤维感应器能够实现对垂直应变与剪力的精准测量。智慧桥梁支座如图 4-8 所示。

图 4-8 智慧桥梁支座

第二节 桥梁智能检测技术研究与应用

随着全世界范围内工业化进程的不断推进及交通基础建设的飞速发展，桥梁的数量越来越多、规模越来越大。通常桥梁在投入运营 20～30 年，将面临严重的耐久性和安全性及正常使用功能下降的问题，需采用精准、高效、智能化的检测技术对运营期桥梁的工作状态进行检测及评估，确保桥梁使用过程中的健康与安全。另外，我国高速铁路已超过 3 万公里，桥梁里程占 50%以上，桥梁数量众多、桥型多样、结构复杂，由于高速铁路采取封闭式运营方式，且运营期检测及维护仅在天窗点时间进行，检测过程中对安全性及时效性要求较高，因此迫切需要采用智能化的检测技术及装备开展相关检测工作，确保高速铁路的安全运营。

美国是较早开展桥梁智能检测新技术研究的国家之一，在钢结构桥梁检测方面，美国开展了基于声发射技术的悬索桥主缆断丝监测、正交异性桥面板疲劳裂纹监测及桥梁伸缩缝区域损伤特性监测等；美国罗格斯大学研发了混凝土桥面板无损检测机器人；美国国家公路合作研究计划（NCHRP）534 指南提供了关于悬索桥主缆的检测方法。在日本，由于运营期的笹子隧道衬砌垮塌这一突发事件，引起了政府部门对桥梁等基础设施运营状态的关注，日本制定了跨部门战略创新促进计划（SIP 项目），力争以尖端技术为突破口，为基础设施的安全及健康提供先进的技术解决方案，计划用 5 年左右的时间，通过采用图像视频、雷达扫描、激光扫描、In SAR 扫描、电磁检测技术、机器人技术、无人机技术等智能检测技术提高桥梁检测的精度及效率，目前该项目研究成果正在进行实桥应用测试，有望更大范围的推广应用。上述检测技术在我国的桥梁检测中均有涉及，但应用的深度、广度、系统化、自动化程度不高，当前桥梁检测对劳动力的依赖以及人工现场作业的占比仍较大。我国当前的桥梁检测内容主要有结构外观缺陷检测、内部及隐蔽性损伤检测、几何形状参数检测、力学参数检测、材料参数检测等。外观缺陷以手持数码相机或手持裂缝观测仪人工操作为主，也有一些采用辅助机械伸展臂搭载摄像头采集图像进行人机交互分析的尝试，亟待与基于深度学习的病害高精度识别、目标精确定位、图像矫正、缺陷三维还原、VR 演示等先进技术深入融合。内部及隐蔽性损伤检测主要依靠磁场、声波、热像仪、射线、雷达等非接触无损探伤技术，目前这些技术的应用范围较窄，并且以定性检测为主，定量标准化测试是未来发展的方向。几何形状参数检测仍以全站仪、水准仪或液体连通管为主，需要发展快速、高效、大规模、高精度、多点同步的检测方式。力学参数检测仍以接触式的光纤光栅传感器或应变片为主，与实际需求相比，精度、可靠性仍存在很大的改进空间。材料参数检测以传统的超声波、射线、回弹仪等方式结合人工操作设备为主，检测过程需要逐渐实现无人化、自动化、标准化。鉴于此，近年来我国桥梁领域科研单位致力于桥梁智能检测及快速检测技术的研究，自主研发了一系列桥梁健康状态智能检测技术及装备。

一、智能传感器技术研究及应用

为促进桥梁检测向高精度、便携、快速、非接触、数据自动采集分析等智能化方向发展，我国桥梁科研单位自主研发了桥梁/路基竖向位移高精度自动监测技术、便携式无线智能索力检测技术、超声螺栓轴力测试技术、长大桥梁线形快速检测技术、结构外观病害及变形图像识别技术等先进的桥梁智能传感器技术，并与互联网+、大数据、地理信息系统（GIS）、第五代移动通信（5G）技术等前瞻性技术深度结合。

（一）桥梁/路基竖向位移高精度自动监测技术

路基、桥梁、隧道等在运营过程中的竖向位移值可直观反映出结构物当前的工作状态，是结构状态评价的重点关注内容。基于液—气耦合压差传递机理，研发了一种微压差半封闭连通管式高精度结构竖向位移/沉降监测传感器，该传感器在测点端部密闭微小段气体，将液—气耦合压差值转换为竖向位移值。在该传感器的整个测试过程中，管内传压介质（液体）处于准静止状态，有效克服了粘滞阻尼效应，传感器精度可达±0.1mm，可实现大跨度桥梁挠度及竖向位移的集中同步测试。综合考虑重力加速度、液体密度、温度等参数对传感器测试精度的影响，长期监测系统实际现场精度可控制在±1mm以内，可在环境温度 - 20～70℃条件下正常运行。结合物联网技术，利用该传感器可以建立高速铁路基础沉降的实时监测系统，该系统不受高速铁路强、弱电系统的干扰，可实现封闭式运营中的高速铁路路基和桥梁自动监测及预警。

（二）便携式无线智能索力检测技术

拉索是缆索承重桥梁结构中非常关键的传力构件，以频率法为测试原理研发了将智能手机（Android 系统）作为现场终端的便携式无线索力测试系统。该测试系统采用微机电（MEMS）加速度芯片作为信号采集模块，利用大动态微弱信号数据采集技术，从而提高了拉索振动信号的采集精度和信噪比；信号采集模块和 Android 智能手机之间的通信采用无线 WiFi 局域网。该技术具有实时频谱分析、拉索固有频率自动识别等特点，频率识别精度达到 0.1%，具有较好的工程实用性。

（三）超声螺栓轴力测试技术

大跨度悬索桥主缆索夹螺杆采用传统的千斤顶张拉法施工时，螺杆轴力控制精度较差，实桥测试表明千斤顶张拉施工中螺杆轴力回缩一般在 10%～60%。根据声弹性原理，超声波在螺杆内的传播时间与其轴力呈正线性关系，因此可以通过测量超声波在螺杆内沿轴向的传播时间得到螺杆轴力，基于此研发了超声螺杆轴力测试系统。该系统硬件包括：窄脉冲超声探头（收发一体）、超声激发模块、高精度声时测量模块（测量精度达到 0.1ns）等。在实际操作时，将超声探头固定在螺杆的一端激发超声波，超声波在螺杆内沿轴向传播至另一端面时发生反射，反射波传播至超声探头被其接收，通过测量超声回波声时计算螺杆轴力。另外，系统通过温度补偿和对不同有效夹持长度的修正，进一步提高了螺杆轴力测量精度。

（四）长大桥梁线形快速检测技术

采用 GPS 接收机和惯性单元（IMU）组成的双天线光纤组合导航系统（该系统融合 GPS 定位的时间不相关性、长期精确性和 IMU 测量的自主性、连续性及高数据更新率，提供目标点更高精度的三维位置、速度和姿态解算结果），利用无线电台实现基站与流动站的通信，形成了一整套基于车载的桥梁连续线形快速检测装备。在此基础上通过研究基于光纤陀螺的 IMU 与 GPS 结合的数据紧耦合技术，解决了惯性导航长时间数据漂移和桥塔遮挡 GPS 失锁两大问题，采用激光测距仪对车体行进过程中的颠簸进行监测并进行误差修正，最终研制了长大桥梁及城市环线线形快速检测车，实现了以厘米级的精度对长大桥梁及城市环线线形的普通车载式快速检测。

（五）结构外观病害及变形图像识别技术

为满足桥梁检测发展的需求，引入图像识别处理技术对桥梁结构表面裂缝、蜂窝麻面等病害进行检测，提高桥梁表观病害检测的效率、精度以及标准化程度。在裂缝提取方面，该技术基于既有图像预处理功能对裂缝进行连接，可较好地保留细小裂缝；将裂缝区域当作连通区域，根据裂缝的特征参数过滤掉虚假裂缝，提取真实裂缝。由于裂缝形态和走向复杂多变，在计算裂缝宽度时，寻找裂缝区域的交叉点，通过交叉点将整个裂缝区域划分成多个小裂缝分别进行计算；将每个小裂缝的最小外接矩形分割成多个小矩形区域，计算每个小矩形区域中裂缝的特征参数，得到裂缝宽度计算结果；综合每个交叉点区域的参数计算结果最终得到完整的裂缝宽度计算结果。为识别结构的动态位移，采用超长焦镜头和工业电荷耦合元件（CCD）高频采集结构待测部位的数字化图像，开发出高精度结构动态位移图像识别程序，充分利用计算机优越的数据处理能力，对图片同步进行识别和计算，实时得到待测点的动态平面二维位移，形成了一整套完备的结构动态位移监测系统。该系统能够实时动态、远程、非接触地对大型工程结构进行高频动态位移监测，对处于高温、强电流、强辐射等极端环境下的结构检测具有显著优势。

二、智能检测机器人平台的研制及应用

为实现对桥梁进行智慧管养的产业发展目标，在研发智能传感技术的基础上，研究机构研制了全自动智能机器人替代传统的人工检测方式，并在百余座大型桥梁中进行应用，高效地实现了桥梁各类部位的检测，提高了处于交通命脉核心位置的现代大跨桥梁的健康和安全水准。

（一）桥梁拉索智能检测机器人

拉索为缆索体系桥梁的主要承重结构，为细长构件，外部 PE 损伤及内部钢丝断裂检测属于高空不易到达位置检测及隐蔽性检测范畴，一旦因斜拉索或吊索耐久性和安全性不足出现病害与劣化，桥梁承载能力丧失会导致垮塌的恶性事故，造成恶劣的社会影响和巨大的经济损失。常规的拉索检测方法需要大型卷扬机牵引挂篮载人作业，而且占用交通，费时费力。为此，自主研发了命名为"探索者"系列的拉索检测机器人。该机器人集机械构造、机电设备、电子通信、无线通信、自动控制等技术为一体；通过集成先进的步进驱动系统、视频系统、雷达系统、测速系统、陀螺防翻转系统，实现了全时四驱、爬升返回、自动导航、定向定位、远程遥控的功能，确保了机器人高空检测的准确性与科学性。"探索者"拉索检测机器人性能参数如表 4-1，拉索检测机器人示意如图 4-9 所示。

表 4-1 "探索者"拉索检测机器人性能参数

"探索者"拉索检测机器人类型	适应索径范围 /mm	最大爬行速度 /m·min⁻¹	无线通信距离 /m	电池工作里程 /m	视频像素 /Mpix	断丝检测精度 /‰	裂缝识别精度 /mm	工作环境温度 /℃
斜拉索系列	120~230	20	1500	3000	3	5	0.05	20~60
吊杆系列	50~130	20	1000	1500	3	5	0.05	20~60

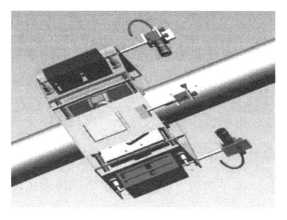

图 4-9 拉索检测机器人示意图

（二）梁底智能检测机器人

针对现有桥检车占用车道资源较多、安全风险高以及受城市限高架制约的现状，研发了可用小型商用货车（依维柯）运载的梁底自动检测机器人。该机器人初始尺寸为 3.3m×1.1m×1.3m，作业时竖向可延展 5m，横向最大伸长量为 10m，结合三维云台可拍摄横向范围达 15m。该机器人的竖臂和横臂同时搭载了 5 个超高清照相机，图像处理软件可对照片进行全自动拼接并分析裂缝、蜂窝麻面等损伤。该机器人同时搭载激光测距、雷达等大量智能传感器，实现图片与桥梁坐标的自动对应，并在作业时能自动防撞和自动回避桥墩等障碍。

（三）桥梁智能巡检无人机

现有常规的无人机在桥梁检测作业中存在抗风能力弱、GPS 易发生失锁、定位精度不高、仰视拍摄困难、图片数据依赖人工分析等诸多不足。为此，依托无人机飞行平台研究了高精度定位巡航、上下双置云台、图像校正拼接、病害特征高精度识别提取等技术，研制了新一代桥梁智能巡检无人机，其具有抵抗 6～7 级风场的能力，且搭载了 4240 万像素图像采集装置，定位精度可达 1cm，后台处理软件裂缝识别精度可达 0.1mm。该装备能够实现桥梁结构的无人化检测，可完成桥梁结构高耸塔柱、梁底表面等不易到达部位的检测，是各类艰险、恶劣水域与山区桥梁检测的利器。

三、桥梁智能检测技术展望及建议

随着我国桥梁保有量的急速增长，传统的检测技术及手段无法适应大规模桥梁病害的快速精准检测，对检测新技术及装备提出了迫切需求。智能检测技术的研发大大提高了桥梁检测的广度、精度及效率，未来的桥梁检测将向更智能、更高效、更精确的方向发展：

（1）声波、雷达、电磁、图像、激光等先进传感技术将会越来越多地应用于智能桥梁检测中，物联网、云计算等信息化技术的引入可显著提升桥梁检测及监测的效率和效果，机器将更多地替代人工开展传统的桥梁结构检测及长期监测工作。

（2）采用自动化程度较高的机器人检测平台开展大范围初始检测，对结构受损区域采用人工精细化检测，两者相结合将成为未来桥梁检测的必然趋势。另外，桥梁智能检测技术的研发需从国家层面开展跨行业部门、跨领域及跨专业的多学科深度合作；在推广及应用方面，需从行业层面开展智能检测技术相关的规范、标准编制及培训工作。

第三节 无人机桥梁检测技术研究

改革开放以来，我国交通基础设施建设飞速发展，桥梁建设以平均每年2万座的速度快速增长，至2019年年末，我国公路桥梁总数超过85万座，为世界第一桥梁大国。为保证这些桥梁的安全性与耐久性，必须采用检测、监测等多种手段来掌握桥梁的技术状态。

当前，我国桥梁检测作业多数仍采用3种传统的技术方式：桥梁检测车、桥底检测通道和桥梁综合检测车。其中，桥梁悬臂检测车是当前桥梁检测的主要手段，占比64%，该类方法借助于桥梁检测车、登高车或者搭设支架，将检测人员送到被观测对象附近，进行抵近检查和测量，缺点是费时费力、对正常交通干扰大。桥底检测通道与桥梁同期建设，检测工作对交通影响小，但检测范围有限。同时受年限限制，检测通道常在设计年限内发生老化，失去作用。此外，采用这两种方式的检测人员常处于数十米的高空中，受风力、桥梁振动影响大，属高危作业，安全隐患高。桥梁综合检测车主要依靠汽车搭载的检测设备，以超声波、振动等手段穿透桥面检测桥梁，优点是对交通干扰小，但其检测波穿透能力有限，准确性难以保证，无法实现对桥墩、桥柱的检测。在检测效率方面，上述传统桥梁检测方式存在费用高、专业性强等特点，不适合管养部门作为日常检测技术手段加以应用。同时，随着交通量剧增，上述检测方式已无法满足桥梁养护管理需求。为适应桥梁养护管理需求的空前增长，结合现有方式，开发出快速、便捷、高效的桥梁检测新方法、新手段，已成为当前桥梁管养行业的工作重难点之一。

近年来，随着航拍、遥感技术产业化程度的飞速发展，无人机成本大幅下降，其在桥梁检测作业中的应用受到了桥梁养护管理部门的广泛关注。

本节将对当前无人机桥梁检测技术的新趋势展开分析，根据技术发展现状探讨无人机检测技术的优势与技术壁垒，为无人机技术在桥梁检测中的进一步应用与发展提供有益参考。

一、无人机桥梁检测技术特征

（一）无人机桥梁检测系统构成

完整的无人机桥梁检测系统由无人机、数据传输系统、任务荷载系统、地面站系统、分析处理系统等组成。依据飞行结构的不同，当前民用无人机可分为固定翼无人机、旋翼无人机和扑翼无人机三类。其中，旋翼无人机是利用旋翼快速旋转产生气动力的飞行器，其结构简单，能够完成垂直起降、空中悬停等动作，适合在复杂环境下采集结构细节图像。桥梁检测作业采用 6、8 旋翼无人机结构居多。无人机可挂载各类检测设备，如 GPS（全球定位系统）、红外传感器、超声波传感器、高清摄像装置等，与航拍无人机相比，桥梁检测无人机携带的三轴增稳云台、高清摄像机一般置于飞行器上方，航拍用云台一般布置在下方。数据传输系统用于系统控制信号、检测数据的传输。地面站系统则用于实时监控无人机飞行、检查拍摄情况，利于及时纠正飞行轨迹和发现桥梁明显病害。分析处理系统负责对采集数据进行分析、诊断和量化病害程度，对桥梁实施评估。

（二）无人机桥梁检测技术优势

相比于传统桥梁检测手段，在技术层面，无人机挂载测量设备在空中进行工作，机动性能好，可到达传统设备难以到达的盲区，弥补常规检查死角与短板；在操作层面，由于无人机的构造比较简单，质量轻、体积小，运输和维护比较容易，同时无人机可实现快速拆装，操作方便；在经济层面，无人机检测设备相比于传统专业检测设备成本低，检测成本普遍低于检测车的20%，同时其检测过程无须封闭交通，不影响现有行车秩序；在安全层面，无人机可替代检测人员进行高空作业，检测人员在安全位置操控无人机即可，无人身安全隐患。无人机检测技术应用如图4-10所示。

图 4-10 无人机智能检测技术应用

桥梁检查一般分为经常性检查、定期检查和特殊检查，无人机可在各类检测作业中发挥不同的作用。在经常性检查作业中，可以无人机为主，望远镜等其他工具为辅，便于一线养护人员高效、安全、全面地开展日常巡检工作；在定期检查及特殊检查中，无人机可快速完成前期检测，再结合专业检测设备进行精确检测，提升检测效率及效果，降低检测成本。笔者根据现有无人机桥梁检测案例成果，总结出目前常规检测手段无法实现，而无人机可实现的桥梁检测部位与内容，如表4-2所示。

表4-2 无人机主要检测部位与内容

检测部位	检测内容
索塔	混凝土蜂窝麻面、露筋、剥落掉块、裂缝、避雷针完好情况
钢桁梁	钢结构高强螺栓是否缺失、是否锈蚀、是否有其他异常
钢箱梁	焊缝是否开裂、构件是否存在疲劳裂缝节点
板螺栓	是否缺失、是否锈蚀、是否有其他异常
桥墩	混凝土蜂窝麻面、露筋、剥落掉块及裂缝
缆索	是否锈蚀、涂装是否脱落、是否有其他异常
结构构件	锤击检查结构是否存在内部缺陷
常规检测盲区	其他异常情况

（三）无人机桥梁检测技术流程

无人机桥梁检测技术实施流程的规范性直接关系到检测结果的可用性与准确性。美国明尼苏达州交通运输厅于2017年发布了一套无人机桥梁检测技术规程，其中将无人机桥梁检测划分为5个步骤：桥梁信息分析、场地风险评估、无人机准备、无人机检测实施、损伤识别。同时，该运输厅还提出了基于无人机影像数据的损伤量化技术规程，用以快速有效地评估桥梁病害程度。韩国交通运输部将无人机桥梁检测作业分为3个阶段：检测前准备阶段、检测阶段和数据后处理阶段。检测前准备阶段主要任务是目标桥梁信息收集和制订检测方案；检测阶段负责控制无人机飞抵目标检测区域、实施图像采集，之后控制无人机返回基站；在数据后处理阶段，对数据图像进行处理分析，评估桥梁损伤状态。虽然两国对于无人机桥梁检测实施流程的阶段划分不同，但所包含的内容基本一致。

二、无人机桥梁检测技术发展动态

（一）无人机桥梁检测多元化发展趋势

随着无人机桥梁检测技术的深入研究，为充分发挥无人机的检测能力，研究人员不断拓展无人机的感知能力，其主要体现为两个方面：一是为无人机增加不同功能的装置或传感设备，如贴墙支架、超声波测距仪、红外摄像机、力学传感器、声学传感器等，以满足不同检测需求；二是以其他自动化或半自动化检测手段辅助无人机进行检测作业。在载重允许的条件下，无人机挂载不同类型传感器，多元互补，可增加检测的实用性与准确性。近年来，这方面不断涌现出一些新技术。例如为解决传统无人机无法完成在垂直面上的完全覆盖拍摄问题，研究人员提出了一类无人机爬壁机器人的概念，将无人机前部设置 2 支向前的固定臂，固定臂顶端带有滑轮、舵机等机械设备，使得无人机可以贴近桥底面拍摄。但这类机器人在执行检测作业时不断与桥梁结构表面发生碰撞与分离行为，大大增加了续航负担，适应性欠佳。新一代的爬壁式无人机配置了旋转关节爬壁装置，可通过接触面处的压力计推算接触摩擦力，调整旋转关节角度，进而调整推进器与检测面间的角度，有效缓冲无人机爬壁装置与结构面间的碰撞接触，通过控制无人机支架与结构表面的摩擦力维持在较低水平，实现降低推进能耗，提升无人机爬壁稳定性的目的。另外，研究人员利用 8 翼无人机结构空中姿态稳定性强的特点，对桥梁进行贴壁式检测，并依靠无人机挂载冲击设备，实现了对桥梁墩柱的锤击试验。同时，随着近年来3D摄影技术的不断成熟，学者通过无人机挂载3D数码关联摄像机（DIC）对桥梁进行3D摄影，推演长周期桥梁伸缩缝位移的病害演化情况，实现了检测盲区病害量化评估。

以自动或半自动检测手段弥补无人机桥梁检测的不足，实现快速、全方位的检测作业也已成为近年来的研究热点。国外学者以无人机为主力设备，辅助以桥梁监测系统、轨道检测车、爬行机器人、蛇形机器人、爬壁机器人等，构建了一套完整的桥梁检测系统，利用各类设备之间的功能互补，实现了桥梁结构的半自动检测。

在图像采集方面，基于损伤分布及可视区域，采用遗传算法进行无人机检测的3D路径规划，可有效解决桥下定位不准、受复杂环境影响大、机器避障能力不足等问题。

（二）基于图像信息的病害诊断技术进展

高清数字图像信息是准确进行结构损伤分类和损伤程度评估的基础。在保证图像清晰度的前提下，当前已有大量算法可实现损伤的定位、分类与量化分析。美国明尼苏达州交通厅提出了基于无人机图像的桥梁损伤量化规程，该规程给出了基于图像像素和摄影测量学的结构损伤量化方法，还提出了一类以锐度、信息熵为指标的无人机拍摄图像质量评估技术。

这些新的外观检测方法也带来了新的问题，人工甄别海量照片和影像数据无法满足快速检测的需求，同时也无法保证损伤量化的准确性。近年来，随着计算机技术的高速发展，基于机器学习技术的图片处理算法在桥梁损伤诊断领域得到了广泛应用。美国德雷克塞尔大学的研究表明，采用高分辨率摄影设备，距离目标结构面3m处，通过算法可识别到最小宽度

0.75mm 的裂缝。韩国学者设计了一类形态学链接裂缝检测算法，裂缝宽度识别精度达到 0.1mm。意大利科研团队基于色差算法对无人机等设备采集的桥梁影像资料进行分析，并开发出一套病害量化分析软件系统 DEEP，可实现对颜色较为敏感的病害指标（结构构件掉漆、风化、植被覆盖情况等）的量化分析。

此外，以卷积神经网络、深度学习等方法进行病害定位、分类、统计的技术在近些年得到了较快的发展，精度也取得了很大提高，如图 4-11 所示。

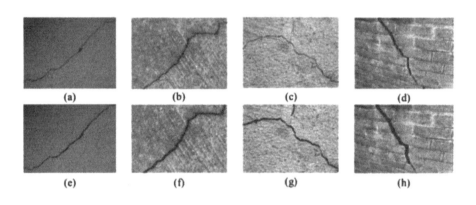

图 4-11 无人机图像采集技术在裂缝识别中的应用

（三）桥梁检测无人机适用性分析

近年来联邦公路总署及美国州公路及运输协会对无人机技术在桥梁检测中的适用性开展了大量研究工作。综合当前桥梁检测无人机技术的研究成果，考虑我国当前桥梁检测的实际需求，桥梁检测无人机从适用性角度应满足以下几条标准。

（1）负载续航时间超过 20min：相对较长的巡航时间可提升桥梁检测的效率，从实际出发考虑挂载电池组重量与续航时间的平衡调配。

（2）上置辅助摄像设备：挂载拍摄方向垂直向上的摄像设备可有效检测桥梁底部构件，有利于水平向摄像设备基于图像特征定位，提升检测效率。

（3）配置自适应辅助照明设备：无人机根据检测点照度条件，自适应提供光源，保证检测点处照度不影响成像质量，可有效提升结构微小损伤识别概率。

（4）高分辨率摄像设备：高分辨率可捕捉更多损伤细节，利于损伤分类与损害量化评估。

（5）负重能力：无人机挂载多个检测设备，特别是摄像设备自重较大，应保证负重下无人机具有较高的灵活性与可控性，当配置锤击检查设备时，推进力不小于 25kg。

（6）远程遥感能力：针对长大桥梁，领航位置与检测点相距较远，桥梁检测无人机应满足长距离远程遥感需求。

三、无人机桥梁检测技术瓶颈

通过对当前桥梁检测无人机技术的调研，以及大量室内试验与现场实测效果分析，笔者认为当下无人机桥梁检测的技术瓶颈主要为以下 4 点。

（一）桥下定位能力

普通航拍无人机定位采用全球卫星定位系统和惯性导航系统联合技术（GPS/INS 组合制导），在短时段内，发挥 INS 的短期高精度的特点；在长时间巡航时，利用 GPS 的长期稳定性和准确性特点，两者功能互补，配合导航算法，可实现无人机以较高精度巡航。对于桥梁检测无人机，由于桥梁结构的遮挡，特别是当无人机在桥下检测时，易导致无人机 GPS 设备在检测中通信失联，无法收到信号，导航系统瘫痪；再者，桥梁多采用钢筋混凝土结构或钢结构，结构内钢筋网架产生的强磁场严重影响无人机磁罗盘性能，也会导致导航系统的准确性及鲁棒性降低，因此传统无人机技术很难适用于桥梁检测作业。

这类问题的当前主流解决方案是采用视觉导航技术，以摄像机进行图像采集，计算机为控制站进行图像处理从而得到导航信息，其优点是不需要外界信息，独立性强，但由于涉及包括光学、图像、模式识别等多学科的交叉领域，技术路径复杂，实现难度较大。

（二）复杂环境下巡航能力

在复杂环境下，特别是大风条件下，桥梁附近的风场对于无人机桥梁检测作业易产生较大干扰，不但降低了无人机的检测效率，也增加了无人机碰壁风险。

理论上，解决这类问题最直接的方法是提升无人机续航能力和气动功率。续航能力的提升有助于无人机在环境干扰下有充足的时间调整姿态，再进行后序的检测作业，而较高气动功率则可部分抵消复杂环境的干扰，但这两类方法均需无人机挂载大容量的电池组。目前，受锂电池能效较低的限制，为提升无人机功率或续航能力而增加挂载的电池组重量，对于机架和电子设备来说压力不小，因此无人机的续航能力在短时间内无法实现显著提升。

基于上述原因，部分学者将解决此类问题的重点聚焦于如何提升无人机检测作业效率，如在强风条件下，通过合理的路径规划来降低风场影响，但由于其复杂性，多尚处于实验室研究阶段，特别是在复杂环境下，其在桥梁检测中实际应用效果尚有待进一步检验。

（三）避障能力

相比于定位能力，避障能力考验的是无人机对周围环境做出及时反应的能力。复杂桥梁结构形式，特别是钢桁架桥等空间结构，对桥梁检测无人机的避障能力提出了更高的要求。

由于无人机摄像系统采集的影像数据只能被处理为二维信息，通过这类信息高精度推断出障碍物的相对位置误差较大，很难满足无人机巡航需求，因此，只能靠增加无人机的感知维度来解决此类问题。目前无人机主流的避障手段多采用机载超声波测距技术，大量研究采用全方位超声波传感器测量无人机机架结构与周围物体间的距离，进而判断空间的可通过性并进行姿态调整。已有报道显示，这类技术在无人机正常巡航下的最小误差可达 4cm。但由于这类技术的测量准确性依赖于被测物体方位，无人机仍存在较大的碰撞风险。同时，这类技术对机架平面内的距离判断较准，而对于平面外距离的估计相对较差。

（四）病害诊断的稳定性

通过对采集图像的分析来量化结构损伤程度是无人机桥梁检测的主要任务之一。桥址处的复杂环境对无人机稳定性与拍摄光线产生较大干扰，严重影响了图像成像质量，无人机采集图像的清晰度和图像信息的有效性常常难以保障。清晰度不足会导致结构病害诊断的误差较大，而受无效信息干扰的图像则可能造成病害识别的误判。部分学者研究了风场对拍摄清晰度的影响，基于机器视觉算法对比了高清晰度和模糊条件下结构裂缝量化诊断的准确性，在低清晰度下，识别结果的准确率难以保证。目前，针对低清晰度下裂缝识别问题，最有效的方法是通过识别无人机飞行性能指标、风场参数这两大类因素的发现概率，对采集信息进行重组，进而获得理想的图像质量。但该算法目前也仅处于测试阶段，未见实际工程应用报道。图像有效性是影响桥梁损伤识别准确性的首要因素。但在现场检测过程中，由于环境因素复杂，受摄影角度变化、光线过暗以及结构表面附着物干扰等问题的影响，自适应算法对桥梁结构损伤误判的概率较高。桥梁结构体系自身的复杂性对于摄像角度的限制，也会对损伤识别的正确率产生较大影响。针对这类问题，有学者正在尝试整合影像、激光热成像和红外成像技术，构建混合图像扫描系统来提供多维成像信息，进而降低损伤识别误判的概率。但这类技术需依靠增加无人机挂载硬件设备的方式来增强检测诊断的稳定性，因此增加了无人机的载重负担，会导致无人机续航能力下降，降低无人机桥梁检测系统对于长大桥梁的适用性。

　　桥梁检测无人机，弥补了传统桥梁检测存在盲区、费用高、检测人员安全风险大的弊端，以其良好的机动性、安全性和经济性，近年来已得到较广泛推广。但目前的无人机桥梁检测技术仍存在桥下定位不准、受复杂环境影响大、机器避障能力不足等缺陷，以及病害诊断准确率低等技术瓶颈问题，而现有的解决方案与技术尚不成熟。从工程应用来看，在当前技术条件下，由于无人机负载能力较低，还不足以作为桥梁无损检测设备的负载平台，无人机检测尚仅可作为桥梁外观检查的一种辅助性手段，用于在环境干扰较小情况下，对检测人员难以抵近或抵近代价较大的部位进行外观检查。且由于实际使用中已发生由多起大风、碰撞等因素造成无人机失控坠毁事故，因此将无人机检测应用于桥面以上部位（如桥塔、索体）的检查应持非常谨慎的态度，对无人机在桥梁检测中过高期望及过度应用将均是有害的。但随着电池技术改进，姿态、距离等传感设备、桥梁无损检测设备的轻型化、低功率化，以及无人机挂载装置的不断拓展，机器学习等图像分析算法的不断进步，无人机桥梁检测的适用性与效率也将不断提升，无人机桥梁检测技术具有广阔的应用与发展前景。

第四节 水下桥梁检测技术研究

目前我国桥梁水下结构的检测仍然处于起步阶段，甚至在相关规范中没有明确的规定和要求。既有桥梁水下墩台、基础的冲刷以及结构的外观缺陷如何进行检测和评估也是桥梁检测的重要内容，随着技术的进步这也是我们桥梁管理、养护应该关注的问题。我们近几年也经常能看到"蛙人"对桥梁水下结构检测的新闻，其实"蛙人"也就是我们常说的潜水员。潜水员对桥梁进行检测通过潜入水下通过触摸、观察等手段来实施检测，而检测人员通过潜水员的描述来判断桥梁水下结构的病害和缺陷。由于桥梁检测的专业性很强，因此潜水员的检测有点类似于"盲人摸象"。本文对桥梁水下结构的检测方法进行简单的总结，以起到抛转引玉引的作用来推动我国桥梁水下检测技术的发展。

运营桥梁墩台及基础水下检测主要围绕桥梁技术状况评定以及桥梁承载能力评定等相关规定进行，通常有以下 3 个方面的检测内容。

（1）桥梁结构缺损情况检查。桥梁结构缺损主要有损伤、变形、裂缝等。检测方法为对所检构件进行全面外观检查，使用科学的测量工具进行，并准确记录。对于构件损伤，应详细记录位置、类型、损伤程度；对于结构变形应详细记录变形位置、是否产生位移或偏转夹角，还需关注变形是否引起上部结构形成病害如梁体位移、桥面开裂等；对于裂缝病害，水下检测细小裂缝不易察觉，检测时还应借助相关设备对重点部位进行关注。

（2）结构材质状况检查。桥梁结构材质状况是评定结构承载力以及桥梁技术状况的必要组成部分，桥梁结构水下部分由于长期受水流侵蚀，材质状况存在缓慢劣化现象，通常需要检测强度、碳化深度、钢筋锈蚀等指标，对于水下检测无法直接测量的，可以采用枯水期现场检测或特定方式取样检测。

（3）基础冲刷检查。长期的水流以及河床变迁等对桥梁基础影响较大，形成不同程度的基础冲刷，甚至出现基础掏空的情况，水下检测需要对基础冲刷进行详细检查，记录冲刷面积、深度、外露高度、是否掏空以及掏空大小等。

一、水下机器人检测

水下摄像系统一般包括水下摄像机/摄像探头、传输线缆和图像采集设备，水下摄像机和连接线缆要求具有水密性。水下视频检测系统检测时将水下摄像机/摄像探头下放至水下待检测的部位，水下摄像机连接的数据线缆将图像传输至图像采集设备，通过图像采集设备来显示摄像机在水下的位置以及实时采集的图像。在实施桥梁水下检测时图像采集设备可以进行全过程的录像，检测人员可以通过视频播放来进行后续结构病害的分析，此外在检测时发现结构的病害可以进行视频的截屏，并记录病害的位置以及截屏病害图像的编号。

水下视频检测系统检测桥梁时可以采用以下几种方法：（1）以船只或皮划艇为载体，将图像采集设备放置在船只或皮划艇上，行至测试位置将水下摄像机通过绞车逐渐下放至水中检测；（2）水下视频检测系统通过潜水员在指定位置下潜，携带摄像机对桥梁水下结构进行检测；（3）采用水下桥梁结构检测时，水下视频监测系统采用水下机器人搭载的方式。

前面在介绍水下视频系统时介绍了机器人搭载视频系统的方式，此外水下机器人检测桥梁水下结构时还可以搭载超短基线定位系统、单波束声呐、多波束声呐系统进行水下结构物的扫描、定位和测量工作。

采用水下机器人搭载视频及多波速二维扫描声呐扫描成像的方法进行水下结构物的检测。该系统主要功能应包括以下几个方面：

（1）水下机器人（ROV）：能够下潜深度满足水下检测要求，能够通过控制台控制机器人的运动，机器人应采用观察级机器人；

（2）机器人应配备导航定位系统，目前通常采用超短基线水声定位系统。

（3）视频监控系统：该系统主要搭载在机器人上对结构物的进行监测，视频系统能通过控制系统的显示屏进行实时显示，并按要求能进行控制拍摄结构损伤、缺损的照片或视频资料；

（4）二维多波速声呐：在水质混浊或想获得结构物缺损详细资料时，声呐对结构物进行二维扫描，对结构的缺损进行相对精细的扫描。

（5）水下机器人应配备机器手：水下检测可能会在水中遇到复杂的检测环境，配备基本的机器手可以在检测过程中进行必要的控制和操作。

水下机器人一般包括水下潜器、脐带缆、水面控制台、附件工具等几个部分。水下潜器包括电子仓、起落架、推进器、照明灯、视频摄像系统等部分；水面控制台包括控制笔记本电脑、液晶显示屏、完整系统控制软件、USB手动控制器等部分。目前常见的水下机器人的结构如图4-12所示。

图 4-12 水下机器人系统

二、水下三维激光扫描系统

目前，虽然水下激光扫描测量系统的作用距离还比较近，但其百倍于声呐的分辨率使得该革命性的技术的应用前景非常广阔，国外已经广泛用于水下建模、仿真、目标重建、水下结构检测、大坝桥梁安全评估、海洋油气、核电站检测、管道变形检测等领域。水下激光三维扫描产品目前最好的产品水下激光扫描仪精度能达到 mm 级，但其测试距离距结构物距离较近，测试距离在 1~5m，而且测试的点云数据在构建实体模型需要通过 CAD 或其他专用软件进行处理。

通过三维激光扫描仪安放在待测桥梁结构物附近的不同的测站进行三维扫描，并将不同测站的数据拼接进行点云数据的建模可以实现对结构物的检测。三维激光扫描技术在实际桥梁水下结构的应用案例较少。

三、声呐检测技术

目前国内外水下目标声呐探测技术已经有很大的进步，出现了很多不同类型、功能各异的声呐，其中具有高测量效率、高测量精度、高分辨率的多波束勘测技术适合于大面积的水下测绘作业。侧扫声呐也是人们常用的水下探测工具。它分为低频侧扫声呐、高频侧扫声呐和双频侧扫声呐。低频侧扫声呐非常适合于对水下管线、大推进器、沉船等进行搜索定位。高频侧扫声呐可提供高分辨率的图像，尽管其作用距离比低频侧扫声呐近一些，但较低频系统能更详细地显示目标的细微特征，双频侧扫声呐同时具有低频系统的远距离和高频系统的高精度两个优点。此外还有合成孔径声呐扫描技术也可以用于水下结构物的检测。

主动声呐的原理是利用发射基阵向水中发射声脉冲，通过这些脉冲而产生的回声对水下目标进行测距、定位以及识别。水下机器人利用搭载的声呐对水下桥墩进行检测，将机器人游到两桥墩之间进行 360° 扫描，并且尽量使机器人静止不动。如下图 4-13 为某桥采用机器人搭载声呐扫描的图像，通过对图像进行分析可以对结构物的病害情况进行分析。

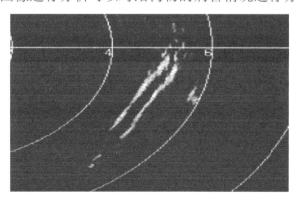

图 4-13 某桥墩柱声呐扫描图像

此外三维声呐扫描成像检测技术可以通过船舶将声呐扫描系统随三角架安放在水下桥梁待测结构物的合适位置进行扫描测量，从而对桥梁结构进行检测。三维全景成像声呐可生成水下地形、结构和目标的高分辨率图像。声呐采用紧凑型低重量设计，便于在三脚架 ROV 上进行安装，只需触动按钮，三维扫描声呐就会生成水下景象的三维点云。扫描声呐头和集成的云台可以生成扇区扫描和球面扫描数据。有史以来第一次，在水下，甚至在低照度或者零可见度的水下环境，我们可以获得陆地三维激光扫描一样的图像。而且，这种图像可以与传统的激光扫描图像无缝拼接。桥梁下部结构采用声呐进行扫描成像的过程如图 4-14 所示。

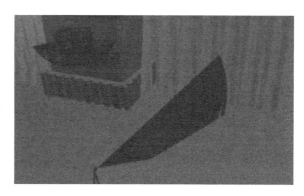

图 4-14 声呐系统扫描工作

第五章 桥梁加固后检测与评估

第一节 桥梁加固效果检测评价

加固后桥梁的评定是指以加固后桥梁的技术状况为目标，针对当前桥梁的工作状态，考虑加固前的破损状态、加固设计以及施工等因素，综合评定桥梁各构件承载能力或可靠度。

一、加固质量评价

桥梁加固质量检验评定指标的确定，无疑为质量检验评定明确了方向，但采取什么研究方法对加固工程质量进行检验评定又是一个亟待解决的问题。为了能够比较准确而完整地反映桥梁加固质量，需要将检测评定主要指标通过某种准则或方法综合形成一个完善的体系，而层次分析法的提出，便能很好地解决这一问题。依据桥梁加固质量检验评定主要指标的递阶层次关系，应用层次分析法，建立层次分析结构模型，形成完整的主要指标体系。由于桥梁结构的复杂性、加固处治技术的多样性以及桥梁加固质量影响因素的不均衡性，在进行加固质量检验评定时，会适时增减检验评定指标，相应指标权重也随之而改变，但是又没必要将所有主要指标全部重新确定权值，此时，应用变权理论即可将指标量化过程简化。同时，桥梁加固工程作为一个复杂的、具有模糊性的系统，在对加固质量进行评定时，难以用精确的数学语言描述，而应用模糊综合评判法，则可对加固质量的综合评定取得满意的效果。

（一）层次分析法

层次分析法又称 AHP 构权法（analytic hierarchy process，简写为 AHP），是由美国运筹学家匹茨堡大学教授萨蒂（T.L.Saaty）于 20 世纪 70 年代初提出的，它将与决策目标相关的元素依次分为目标层、准则层及方案层，对决策问题的影响因素、本质及内在的关系进行了深入的特性分析，并在此基础上进行层次间的定性和定量计算，从而为多目标、多准则或复杂问题提供简便的决策方法，对难以完全定量的复杂系统做出决策模型。

其基本原理是将需要评价或识别的复杂系统（即决策系统）层次，使复杂问题条理化、清晰化，再由专家或决策者对所列指标依据重要程度两两比较逐层进行判断评分，利用计算判断矩阵的特征向量确定下层指标对上层指标的贡献程度或权重，从而得到最基层指标对于总体目标的重要性排序，该方法的关键是层次的划分、权重的确定以及排序的合并规则。

将层次分析法应用于桥梁加固质量检验评定中，首先要建立桥梁加固质量检验评定层次分析结构模型。这个模型应该能够比较准确地包含检验评定的各项主要因素，通过对这个模型进行层次分析能够比较完整地反映桥梁的加固质量。在建立模型的过程中，应考虑如下原则：

（1）科学性原则。模型应整体反映桥梁的加固质量，利用现行加固设计、施工规范和借鉴相关质量检验评定标准，建立基本概念清晰和逻辑结构上严谨、合理的检验评定指标体系，要求抓住检验评定对象的实质，并具有针对性。

（2）简捷优化原则。以较少的检验评定指标较全面、系统地反映桥梁加固质量的内容，既要避免指标体系过于庞杂，又要避免单因素选择，追求的是评定指标体系的总体最优或满意，同时，次级指标应能够量化，评估指标的取得应简单易行，便于操作，技术上可行，经济上合理。

（3）层次性原则。所选指标既能反映单位工程情况，又能反映各分部工程和各分项工程情况，同层次指标之间尽可能界限分明，避免相互有内在联系的若干组、若干层次的指标体系，要求体现出很强的系统性。

（4）实用性原则。指的是适用性、可行性和可操作性，指标要简化、方法要简便、数据要易于获取、整体操作要规范。

（二）变权理论

在层次分析结构模型中，各层次的权重一般都是固定的，不随各指标评定值的变化而变化的，但是，各评定指标状况本身会随着时间的推移或其他影响因素状况的改变而不断变化，因而，各评定指标间权重的分配也是不断变化的，是一个动态过程。因此，为保证评定结果的合理性和客观性，在桥梁加固质量检验评定中，由于桥梁结构的复杂性、加固防护技术的多样性和加固质量影响因素的不均衡性，需要动态地增大或减小某些指标的权重，甚至增加或减少某些指标，这就是变权理论的基本原理。

依据变权理论的基本原理，结合桥梁加固质量检验评定的实际情况，将被加固桥梁所处地区的环境因素、施工人员素质和机械设备这三个"动指标"引入桥梁加固质量检验评定指标体系中，针对具体的加固工程，应用变权理论，确定"动指标"对桥梁加固质量的影响程度，修正各个评定指标的权重。

（三）模糊综合评判法

由于影响桥梁加固工程质量因素众多，许多因素无法检测和直接量化，对加固质量进行检验评定时，具有一定的主观性和不确定性，因此桥梁加固工程质量检验评定是一个很模糊的概念，难以用精确的数学语言描述。目前，工程检验评定方法一般是通过建筑物的观感质量来评定结构的质量，而对结构质量的一些本质特征，只能通过试验报告或质量记录对其进行认定，没有考虑工程质量的模糊性和质量检验评定的模糊性，因而难以客观、全面地反映工程质量。针对桥梁加固工程质量检验评定，尽管应用数理统计方法可以为其提供大量的量化数据，然而，量化后的质量特征值的大小对桥梁加固工程整体质量的重要性具体有多大，仍然是一个很模糊的问题。鉴于此，应用模期综合评判法，以避免桥梁加固工程质量检验评定的主观随意性，增强检验评定工作的客观公正性。

现实世界中存在着大量事物无法被精确地描述，这种现象被称为模糊现象，它具有不确定性。综合评判是综合决策的数学工具，是对具有多种属性的事物，或者说其总体优劣受多种因素影响的事物，做出一个能合理地综合这些属性或因素的总体评判。若在综合评判过程中涉及模糊因素，便称作模糊综合评判，这种方法即为模糊综合评判法。

模糊综合评判法是以模糊集合论为理论基础，引入隶属函数（即隶属度）这一概念，应用模糊数学运算，从多个因素对被评定事物隶属等级状况进行综合性评判。它不但可得出评判对象的评判等级，而且可得到其隶属于各个等级的具体情况等有用信息，因此目前被广泛应用于土木工程领域。

模糊数学综合评判称检验评定中规定的检评项目为"因素"，被检验项目评定要求的文字语言用"隶属度"数字语言进行定量评判，并由此确定其质量等级。

二、荷载对比试验

荷载试验法分为静载试验法、动载试验法及动静载结合法三种方法。

（1）静载试验法是指通过选择最不利或损伤最为严重的桥跨截面为控制截面，根据规范的相关规定及检测结果，施加等效外荷载，利用专门的仪器测试桥梁的挠度、位移、应变、应力及裂缝宽度，分析其刚度、强度、承载力等方面的状况，比较分析结果是否满足规范的限值，对桥梁的工作状态进行综合评定。

（2）动载试验法是指测试桥梁在外荷载的激励作用下的振幅、频率、冲击系数、阻尼比等参数是否满足规范限值或理论最值，以此判断桥梁结构的刚度、行车平整度等性能指标是否符合要求，以便对桥梁结构整体的受力状态和损伤情况有较为全面的了解。

（3）动静载结合法是综合运用以上两种方法，对桥梁的整体工作状况和损伤情况进行检测和评定。不足之处为在进行静载试验时需要中断交通，费用较高，而且动载法对试验仪器精度的要求比较高，价格也比较昂贵。

三、加固后质量验收及评价

（一）混凝土桥梁表层缺陷处理

桥梁混凝土缺陷修补完成后表面应平整，无裂缝、脱层、起鼓、脱落等，修补处表面应和原结构表面色泽基本保持一致。修补后平整度允许偏差值应符合表 5-1 的要求。

表 5-1 平整度允许偏差值实测项目

项目	允许偏差	检查方法与频率
梁体平整度（mm）	5	钢尺丈量
阴阳角（°）	5	尺量

对浇筑面积较大的混凝土或砂浆，应预留强度试块；新旧混凝土的黏结情况可通过敲击法和钻芯取样检测。

敲击法或称声波反射法，采用小锤轻轻双击新浇混凝土表面，若有空响声，表明新旧混凝土界面黏结不好。此法适用于较薄混凝土的修补检测。钻芯法通过钻取小芯样直接观察混凝土的密实度和新旧混凝土之间的黏结情况，也可通过芯样劈裂试验来评判新旧混凝土间的黏结强度是否满足加固要求。桥梁混凝土表面涂装应无漏喷、流挂、针孔、气泡、色泽不均等异常情况，涂装表面应均匀平整。桥梁混凝土表面涂装应符合表 5-2 的规定。

表 5-2 桥梁混凝土表面涂装实测项目

项次	实测项目	规定值或允许偏差	检查方法和频率
1	总干膜平均厚度	≥设计厚度	涂装完成 7d 后进行测定。每 50m2 面积随机检测 1 个点，测点总数不小于 30 个
2	总干膜最小厚度	≥0.75×设计厚度	

（二）裂缝的处理

表面封缝材料固化后应均匀、平整，不出现裂缝，无脱落。

当注入裂缝的修补胶达到 7d 固化期时，应采用取芯法对注浆效果进行检验。芯样检验应采用劈裂抗拉强度测定方法。当检验结果符合下列条件之一时为符合设计要求：

（1）沿裂缝方向施加的劈力，其破坏应发生在混凝土部分（即内聚破坏）。

（2）破坏虽有部分发生在界面上，但这部分破坏面积不大于破坏面总面积的 15%。

用取芯法钻取芯样，观察混凝土界面的黏结情况及饱满程度。钻取芯样应符合下列规定：

（1）取样的部位应由设计单位决定。

（2）取样的数量应按裂缝注射或注浆的分区确定，但每区应不少于 2 个芯样。

（3）芯样应骑缝钻取，但应避开内部钢筋。

（4）芯样的直径不应小于 50mm。

（5）取芯造成的孔洞，应立即采用强度等级较原构件提高一级的小石子混凝土填实。

（三）梁桥加固

桥梁加固施工时使用的主要材料性能，应在加固工程现场取样进行检验，并应符合设计要求。

新增混凝土强度的原位检测可采用超声—回弹综合法、钻芯法等方法。

1.粘贴钢板

（1）锚栓的植入深度应符合设计要求，钻孔深度偏差不应大于5mm。

（2）目测钢板边缘的溢胶色泽应均匀，胶体应固化。

（3）钢板的有效黏结面积应不小于95%，可采用以下三种方法检查：

①敲击检测法。

②超声波检测法。

③红外线检测法。

2.粘贴纤维复合材料

碳纤维复合材料施工质量检验及验收标准应符合表5-3要求，其他纤维复合材料参照相关标准执行。

表5-3 碳纤维复合材料粘贴质量检验实测项目

项次	检验项目			合格标准	检验方法	频数
1	碳纤维布料粘贴误差			中心线偏差≤10mm	钢尺测量	全部
2	碳纤维布料粘贴			≥设计数量	计算	全部
3	粘贴质量	空鼓面积之和与总粘贴面积之比		小于5%	小锤敲击法	全部或抽样
		胶粘剂厚度	板材	2±1.0mm	钢尺测量	构件3处
			布材	<2mm		
		硬度（布材）		>70°	测量	——

现场粘贴金属块进行加载试验，观察破坏形式，判断粘贴效果是否合格。试验要求应符合《混凝土结构加固设计规范》（CB 50367-2006）的相关规定。

3.体外预应力加固

体外预应力加固的张拉力及尺寸偏差应符合表5-4。

表5-4 体外预应力加固的张拉力及尺寸偏差实测项目

项次	检验项目		规定值或允许偏差	检查方法与频率
1	钢索坐标（mm）	梁长方向	±30	尺量：抽查50%；各转折点
		梁高方向	±10	
2	张拉力值		符合设计要求	查油压读数：全部
3	张拉伸长率		符合设计要求，设计未规定时，±6%	尺量：全部
4	断丝滑丝数	钢束	每束1根，且每断面不超过钢丝总数的1%	目测；每根（束）
		钢筋	不允许	

构件的黏结钢板加固质量，一般采用非破损检验，外观检查钢板边缘的溢胶色泽、硬化程度，以小锤敲击钢板，检验钢板的有效黏结面积。检验金属结构的黏结质量，还可采用声振法、全息摄影法、X射线透视法、超声法、热学法、声发射法等以仪器为主的检测手段，但如何应用于混凝土结构的粘贴钢板加固检验，尚有待进一步研究。对重大工程，其加固效果的检验，尚需进行抽样加载试验，一般仅以标准使用荷载进行试验。加载后的构件应能满足设计、使用要求。

（四）梁桥加固施工

大跨径拱桥拱上建筑拆除施工应在有效的监控下进行。

加固混凝土、钢筋、模板、焊接等的质量要求应符合现行《公路桥涵施工技术规范》的规定。

（五）桥梁基础及下部结构

1.外包钢加固质量检验

以目测和锤击检查为主，重点检查结合面处理、预埋件、锚固等。要求对外包钢材的粘贴性能进行试验。

2.承台加固质量检验

（1）水下修补工程可由潜水员或水下电视检验。

（2）修补质量可采用钻芯取样、超声波检测等方法进行检验。

3.桩基加固质量检验

（1）钻孔灌注桩的质量检验，按现行的《公路桥涵施工技术规范》执行。

（2）静压桩的质量检验，应符合以下要求：

①最终压桩力或压入深度应符合设计要求。

②桩身试块强度和封桩混凝土强度应符合设计要求，性能应符合现行地基与基础工程施工及验收规范的有关规定。

③桩位平面偏差不得超过±20mm，桩节垂直度偏差不得大于1%的桩节长。

4.套箍加固质量检验

（1）结构尺寸应符合设计要求。

（2）宽度和厚度应均匀，混凝土表面平整、密实。

（3）加固质量检验实测项目应符合表5-5的要求。

表 5-5 套箍加固质量检验

项次	检查项目	规定值和允许偏差	检查方法和频率
1	套箍位置（mm）	±20	水准仪测，一周 8~10 点
2	套箍宽度（mm）	≥设计值	尺量，一周至少 10 点
3	套箍厚度（mm）	≥设计值	尺量，一周至少 10 点
4	预埋锚筋位置（mm）	±20	尺量，抽检 20%

注浆质量检验应符合下列规定：

（1）注浆检验应在注浆结束 28d 后进行。可选用标准贯入、轻型动力触探或静力触探对加固地层进行检测。对重要工程可采用荷载试验检验。

（2）注浆检验点为注浆孔数的 2%~5%。当检验点合格率小于或等于 80%，或虽大于 80% 但检验点的平均值达不到强度或防渗的设计要求时，应为不合格注浆区。

旋喷桩质量检验应符合下列规定：

（1）旋喷桩可采用开挖检查、取芯、标准贯入试验、荷载试验等方法进行检验，并结合工程测试、观测资料及实际效果综合评价加固效果。

（2）检验点应布置在下列部位：①有代表性的桩位；②施工中出现异常情况的部位；③地基情况复杂，可能对旋喷桩质量产生影响的部位。

（3）检验点的数量为施工孔数的 1%，并不少于 3 点。

（4）质量检验宜在注浆结束 28d 后进行。

（5）荷载试验必须在成桩 28d 后桩身强度满足试验条件时进行，检验数量为桩总数的 0.5%~1%，且每项单体工程不应少于 3 点。

第二节 加固后桥梁常见二次病害

一、增加梁（板）截面面积结构的二次病害

（一）受力破坏模式

新旧材料的龄期或物理特性相差很大，往往会引起结构的"附加应力"，结合面处出现压、弯、拉、剪等复杂的应力状态，导致结合面的错动、分离现象。旧材料的亲水性和新旧材料间的空隙作用，削弱了两者间的黏结力，首先会在最薄弱的部位也就是结合面处产生受力裂缝。此外，构件的二次受力问题也会加剧原构件的破坏程度。

随着时间的增加，桥梁的变形不断变大，两端的锚固装置往往发生黏结失效、植入的钢筋发生剪切变形等病害。研究表明：如果结合面处只有黏结剂，黏结失效后发生脆性破坏；如果结合面植有抗剪钢筋，当荷载较小时，剪力主要是由结合面的黏结力承担，当荷载较大时，结合部位产生微裂缝，之后黏结力基本丧失，荷载主要由钢筋承担，最终因混凝土孔壁和钢筋发生黏结破坏，导致整个加固的失效。

（二）耐久性损坏

由于新旧材料之间存在不可避免的空隙，共同工作一段时间后，结合部位会出现裂缝、渗水、钢筋锈蚀等病害，混凝土构件出现裂缝、剥落、露筋现象，当加厚桥面板采用环氧树脂进行黏结时，还要考虑黏结剂的老化问题。

二、粘贴钢板结构的二次病害

国内外对粘贴钢板法进行了大量的试验研究和工程实践，结果表明导致结构加固失效主要有两方面原因：一方面是黏结剂老化导致钢板端部锚固力不足，导致混凝土和钢板间发生剥离破坏；另一方面是防腐措施不到位而导致钢板锈蚀，降低了钢板的强度。

（一）受力破坏模式

（1）受压破坏。当钢板较厚时，会出现混凝土压碎、钢板未破坏现象，结构的承载力取决于构件本身。当钢板厚度适中时，钢板和混凝土发生同时破坏，此时承载力取决于原结构和加固部分的变形协调的能力以及材料的强度。当钢板厚度较小时，则钢板发生屈服，受压区的混凝土未被压碎，结构的承载力取决于钢板的强度。以上三种情况均未发生黏结破坏。

（2）剪切破坏。指桥梁的加固构件由于抗剪力不足而发生剪切破坏，此时原结构和加固部分并未发生黏结破坏。

（3）钢板剥离。开始受力时原结构与加固部分能够协调变形，随着荷载的增加，钢板端部产生的集中应力导致结构胶脆性断裂，钢板由两端迅速向中部剥离破坏，此时加固后结构的承载力取决于钢板端部黏结剂的抗剪力和锚固装置的可靠性。

（4）黏结失效。如果胶体的黏结力较大，钢板端部与构件底部的混凝土发生剪切破坏，端部的整个保护层被撕裂，此时结构的承载力取决于钢板的锚固措施。

（5）钢板锚固后的构件破坏。一般发生钢板的局部屈曲或锚栓的剪断两种破坏类型：U（或 L）形箍与混凝土剥离，钢板与锚栓结合的部位发生拉脱；钢板压条发生剪切变形，压条在锚栓处拉脱。

（6）在受压区粘贴钢板受力的破坏模式。跨中部位的钢板外凸变形，端部的锚固措施发生破坏。

（二）耐久性损坏

影响结构黏结力的主要因素为钢板的厚度和黏结剂的老化问题。黏结剂在紫外线的作用下发生化学反应，但由于受到粘贴钢板的屏蔽，在光的照射下对黏结剂的影响比较小。与紫外线相比，湿热环境对黏结剂的耐久性影响较大，是影响其耐久性的主要因素。

在外界环境和施工工艺的影响下，钢板往往会发生涂层劣化、锈蚀、焊缝开裂、钢构件裂缝等问题，端部锚固螺栓损失、锈蚀。

三、粘贴纤维复合材料（FRP）结构的二次病害

（一）受力破坏模式

根据工程经验和试验研究，受弯构件的受力破坏主要有三种形式：第一种是梁体出现弯剪斜裂缝，FRP 在裂缝处发生剥离破坏，随着裂缝的开展，FRP 剥落延伸到梁端，最终造成整个加固结构的破坏；第二种是 FRP 端部发生应力集中导致混凝土构件出现裂缝，在纵筋处发生保护层的拉剪破坏；第三种是原构件与 FRP 两种材料之间的黏结强度不足，发生加固后的锚固破坏。

当采用 U 形箍或压条锚固时，当承载力难以满足要求时，可能会造成 FRP 断裂或锚固结构与原构件之间的剥离破坏。当采用机械锚固时，在外界环境的影响下，锚栓可能发生锈蚀、松动、失效等现象。

（二）耐久性损坏

国内外研究表明，FRP 在水、冻融、高低温、盐溶液等不利环境下，纤维材料本身并不 会发生耐久性病害。FRP 的耐久性基本上取决于树脂基体的性能，环氧树脂层的老化往往引起 FRP 剥落、开胶等现象。

采用 FRP 加固的构件受力时，纤维材料由于承载力不足或应力不均引起纤维丝断裂。由于施工工艺的不足，一般会引起 FRP 的局部黏结质量问题，如 FRP 未能用树脂胶浸泡充分，黏结基面处理不好等。这些问题会导致构件与加固材料之间的空鼓缺陷，在外力的作用下，很容易发生剥离破坏。

四、改变结构体系结构的二次病害

如果采用增设支撑法加固桥梁，需要确保原结构与支排结构间的连接牢固可靠，必要时可采用植筋对结构进行锚固。随着加固结构服役年限的增加，加固构件可能会发生涂层劣化、锚栓或植筋锈蚀、剪切变形等病害。

当采用预应力法来加固结构时，需要在负弯矩区段施加预应力，确保梁体在使用阶段不出现裂缝，增加结构的刚度，减小主梁跨中的弯矩值。但改变结构体系法对施工工艺的要求比较高，后期预应力筋的防腐问题也较多。

如果采用非预应力法对桥梁结构进行体系的转换，需要将新加的纵向钢筋连接，但由于接缝处空间的限制，焊接的质量难以保证，造成钢筋过早脱焊。湿接缝和原梁的端部位于负弯矩和剪力最大的范围，是加固后桥梁最薄弱的部位，盛兴旺对支座处的湿接头进行了疲劳破坏研究，提出疲劳荷载会降低其抗裂性能，在加固一段时间之后往往会发生混凝土开裂现象。

五、体外预应力结构的二次病害

（一）体外预应力筋及防腐系统病害

受力方面，采用体外预应力加固梁有以下几种破坏形式：梁底部的受拉钢筋屈服，受压区混凝土被压坏；受压区混凝土发生碎裂现象，同时体外的 FRP 断裂；梁的挠度过大，受压区的混凝土碎裂；转向装置或者是锚固装置破坏失效。

FRP 加固体系的疲劳破坏形式为：在重复荷载的作用下，FRP 的应力不断下降，与混凝土之间发生剥离破坏，钢筋的应力不断增大，超过其疲劳极限后拉断破坏。

耐久性方面，在传统的体外预应力加固方法中，低松弛钢绞线应用最为广泛，由于钢筋裸露在外，容易发生锈蚀，一般采用钢管或钢管与 HDPE（高密度聚乙烯）管道结合的防腐措施，并注入防腐材料。然而近年来的调查显示，几乎所有的 HDPE 套管都出现了老化、开裂等现象，钢套管出现了不同程度的锈蚀，防护层破损、渗水等病害。随着 FRP 加固技术的发展，FRP 以其良好的耐腐蚀性和高强度得到了越来越广泛的应用。

（二）转向装置病害

转向装置的主要组成部分为混凝土转向块（或肋）、钢制转向装置、钢管、HDPE 管、螺栓、四氟乙烯板、黏结剂。

受力方面，转向块是转向装置中很重要的结构，加固设计规范规定了转向块抗剪和抗拉承载力验算步骤。在复杂应力作用下，混凝土转向块（肋）

可能会出现裂缝或压碎现象，钢制转向块或螺栓出现不同程度的变形，钢件焊接部分出现脱焊现象；加固前后混凝土结合界面连接出现不同程度的损害，钢块和原梁的黏结面滑移、破坏；随着荷载的增加，桥梁继续变形会使转向装置承受更大的应力，转向块可能发生拉脱现象。

耐久性方面，转向块所采取的防腐措施没有预应力筋严密，混凝土转向块可能发生不同程度的混凝土耐久性病害，钢制转向块或者螺栓可能会出锈蚀，HDPE 管老化、开裂等病害。

（三）锚固装置病害

1.预应力 FRP 束

受力方面，若螺栓的数量较多，受力较大时往往会发生 FRP 拉断的现象。当采用套筒式锚固和栓钉机械锚固进行体外预应力加固时，在疲劳荷载作用下会发生黏结剂的老化，螺栓松动、锈蚀等病害。

耐久性方面，预应力 FRP 的 U 形箍在外界环境作用下，夹持式锚具易发生钢板的锈蚀；黏结剂的老化引起 FRP 从锚具中滑出，滑移面为 FRP 和胶体的界面。

2.预应力钢束

受力方面，预应力钢束加固体系中所施加的预应力是通过面积不大的销垫板传递给原结构的，锚具局部承受了很大的压力，导致锚固端混凝土产生裂缝，加速锚具的锈蚀；如果受力过大，还会发生螺栓松动、钢板扭曲，最终导致加固失败。

耐久性方面，预应力钢束采用的锚具一般用金属制作，锚具的防腐措施并不严密，在自然条件下容易发生锚具锈蚀问题，黏结胶可能发生老化、脱胶等病害。

六、裂缝闭合后结构的二次病害

由于自然环境和人为因素的影响，裂缝修补后经过一段时间往往会再次发生开裂现象，并伴有渗水等现象，影响桥梁的耐久性。

七、加固后桥梁结构常见二次病害总结

通过对采用常用加固方法加固的桥梁结构二次病害的分析，从受力性和耐久性两方面对病害进行了总结和归纳。

将加固结构的类型分为原构件、构件的加固部分及两者结合部位三种，加固材料主要分为钢筋混凝土、钢材、FRP 和黏结剂四种，原材料为钢筋混凝土和砌体材料两种，对于原构件只列出规范未指出的新病害。加固部分的二次病害如表 5-6。

表 5-6 加固部分二次病害

结构类型	加固材料类型	病害描述
加固部分结构	钢筋混凝土部分	蜂窝、麻面、掉角、剥落、孔洞
		混凝土碳化，钢筋锈蚀，混凝土强度和保护层厚度变小
		新增钢筋混凝土部分出现裂缝
		新增钢筋混凝土部分发生交形、开裂现象
	钢材	涂层起皱、脱落
		钢结构出现锈蚀损坏；
		钢构件出现裂缝，焊缝处开裂，钢绞线套管
		（HDPE 管等）
		老化、破损开裂，承载力不足导致钢纹线断裂；
		钢板变形异常，出现外凸等不协调现象；
		锚固部位铜板拉脱
	FRP	由于施工工艺问题，FRP 与构件黏结面有气泡、空鼓；
		胶体基质老化，FRP 与构件发生剥离现象；
		受力不均，FRP 个别断丝，承载力不足发生 FRP 断裂
原结构	钢筋混凝土材料	钢筋混凝土构件出现保护层撕裂
两者结合部位结构	黏结剂	黏结剂老化，黏结面开裂，结合面错动
	锚栓或锚杆	锚栓或锚杆锈蚀、剪切变形
	锚固装置	混凝土锚固块开裂、碎裂，钢制锚固块锈蚀、变形
	转向装置	混凝土转向块开裂，钢制转向块锈蚀变形、拉脱

第三节 桥梁加固效果技术性评价

桥梁加固效果的技术性评价包括加固方案技术评价和结构技术状况评价两部分内容。

一、加固方案技术评价

在桥梁加固改造工程中，每座桥梁的情况各不相同，具有各自不同的特点，在选择加固方案时需结合具体桥梁的特殊性，尽可能采用最先进的技术和材料，选择切实可行的加固方法，才能改善桥梁的服务性能，继续发挥结构固有的使用功能，延长桥梁使用寿命，以保证公路交通通畅无阻。桥梁加固改造的目的是恢复原有桥梁建筑物的整体使用效能和延长使用年限，提高原有桥梁结构的承载能力、荷载等级和通行能力。桥梁加固改造方案的拟定，必须根据桥梁现有的技术状况、使用荷载的要求、承载能力的衰减程度以及今后的任务对加固改造的必要性和可行性做出判断，对各种可行的加固改造方案的技术经济效果进行分析比较，从而选择合理的加固方案。

加固方案技术评价就是对桥梁加固实际采用的加固方案的技术性要求重新进行分析，并根据工程实施的实际情况与工可研阶段的方案选择情况进行对比分析，评价加固方案是否满足技术可行性、经济合理性、方案适用性等预期要求。评价内容有加固工程的基本情况概述，包括加固的内容、方法及规模等;加固工程技术要求的满足程度评价，包括加固方案应满足的各项技术性要求的分析评价。

评价要求具体如下：

（1）加固改造应满足可靠性、强度、稳定性、耐久性等要求。

（2）加固方案应与桥梁的使用功能、性质及将来发展相适应，满足桥上行车和桥下通航要求。

（3）加固改造方案必须在对原有结构周密、细致检查评定的基础上，考虑尽可能少地扰动原结构，充分利用原有的结构构件及其承载能力，且应保证原有结构保留部分的安全性与耐久性。

（4）加固改造工程的施工应是技术上工艺简单、施工方便、施工速度快、工期短，所要求的机具设备尽量简单易操作，且应重量轻，体积小；桥梁的加固改造工程的施工过程应尽量在不中断交通或短时间中断交通下进行。

（5）桥梁加固改造施工是在荷载存在情况下进行的，各种施工作业都会使结构受力条件发生改变，均应作出分析评定，在施工中加强监测，并采取有效的保护措施。

（6）桥梁加固改造施工对原结构的拆除、清理工作量大，工程较烦琐零碎，并常常隐含许多不安全因素，要求施工人员更加注意操作安全与施工质量，严格履行施工管理。

（7）加固改造的方案拟定与设计计算要充分考虑新、旧结构的强度、刚度与使用寿命的均衡，以及新、旧结构共同工作，特别应注意新增混凝土部分在达到一定的龄期前只能作为新增恒载来考虑。

（8）一般来说，加固改造的桥梁结构均有一定的病害，结构已处于相对危险的状态，加固改造方案应尽可能周密考虑增加和减少对原结构的影响，旧结构的拆除与新结构的补加应考虑减载加载程序;对大多数桥梁结构，以增加最少的荷载为宜。

（9）加固改造的施工作业面狭窄、拥挤，常受原有结构物的制约，加固方案的设计需考虑施工作业面空间的限制。

（10）加固改造方案应尽可能采用轻质材料，也应尽可能的探索使用新型加固材料。

（11）加固改造方案的选择应充分考虑加固后桥梁运营情况和维修养护的方便性。

（12）加固改造应能够消除、减小或抵御影响结构状况的某些不利因素（如偶然因素所引起的结构损伤等），阻止继续发展。

（13）加固改造方案应兼顾原有桥梁结构的外观，满足景观方面的要求。

二、结构技术状况评价

结构技术状况评价是对桥梁加固前后的整体技术状况进行评价，利用桥梁结构或构件的特定信息，通过加固前后及设计与实施情况的对比分析，评价是否达到了预期技术效果。结构技术状况评价是从工程技术角度评定其加固后的服务水平，不仅确定其是否满足了设计要求，是否安全可靠，更重要的是确定桥梁加固后的实际或真实技术状况。桥梁加固效果的结构技术状况评价包括安全性、耐久性和适用性等三方面内容。

（一）安全性评价

桥梁结构的安全性主要体现于承载能力。安全性评价就是评定桥梁结构加固后承载能力的提高情况，对照预期加固目标评价结构在强度、稳定性等方面是否满足现有交通荷载的要求，还要对桥梁能否适应交通荷载的进一步发展作出评价。桥梁加固目的是恢复和提高承载能力，改善使用性能，防止桥梁结构的安全隐患，提高通行能力。桥梁加固后，若有缺陷的主要承重构件得到了补强，桥梁损伤和病害得到了改善或消除，桥梁的整体性能才能得以提高，结构承载能力也会有大幅度得提高。承载能力的提高程度是桥梁加固效果的重要评价内容之一。因此，在桥梁加固的后评价中需重新评定结构的真实承载能力。

（二）耐久性评价

桥梁结构的耐久性包括建桥材料的耐久性和结构抗疲劳损伤的性能，即所谓的疲劳损伤度及结构耐久性。桥梁加固效果的耐久性评价就是对照桥梁加固前和预期的情况，对加固后的结构耐久性的评估及材料耐久性改善程度的评价。

影响钢筋混凝土桥梁耐久性的因素很多，在进行加固后的耐久性评价时重点分析加固所产生的正面或负面影响，从而评价桥梁加固的耐久性效果，可从以下方面来考虑，如钢筋锈蚀、氯离子侵蚀、混凝土的碳化、裂缝、新旧构件的结合、桥面系的影响、加固材料的性能、地基冲刷、桥墩混凝土的冻融破坏等，这些严都会影响整个桥梁结构的耐久性。

（三）适用性评价

桥梁结构的适用性指的是桥梁结构满足正常使用的性能。桥梁加固效果的适用性评价是指在桥梁加固后，对桥梁通行能力、车辆荷载通过桥梁时的行走性（即行走时的安全性、方便性和乘客的舒适度）等重新分析评定，并对比分析加固前后结构刚度的变化情况、使用性能的改善情况以及实际与预期效果差异情况等。

第六章 桥梁加固概念及常用加固技术

第一节 桥梁加固基本概念及特点

一、桥梁加固基本概念

为保证桥梁的正常运营，尽量保持和延长桥梁的使用年限，对桥梁结构进行日常养护维修是非常必要的。当桥梁结构物无法满足承载能力、通行能力（如荷载标准提高、原结构严重损伤从而使承载能力降低、桥面过窄妨碍车辆畅通）、防洪等要求时，则需对桥梁结构进行必要的加固、拓宽等技术改造。因此，桥梁竣工验收并交付使用后，将进行两方面的工作。其一是日常的养护维修；其二是针对桥梁在运营过程中实际存在的问题与新的使用要求，进行必要加固改造。具体来说，桥梁养护的工作内容和基本要素主要有以下几方面。

（1）建立、健全公路桥涵的检查、评定制度。对公路桥涵构造物进行周期检查，系统地掌握其技术状况，及时发现缺损和相关环境的变化。按桥梁检查结果，对桥梁技术状况进行分类评定，制订相应的养护对策。

（2）建立公路桥梁管理系统和公路桥梁数据库，实施桥涵病害监控，实施科学决策。逐步建立特大型桥梁荷载报警系统，地震、洪水和流冰等预防决策系统。

（3）公路桥涵养护应做到：桥涵外观整洁，桥面铺装坚实平整、横坡适度，桥头连接顺适，排水通畅，结构完好无损，标志、标线等附属设施齐全完好。

（4）桥涵构造物的养护，首先应使原结构保持设计荷载等级的承载要求及设计交通量的通行要求。根据交通发展的需要，也可通过改造或改建来提高承载能力和通行能力。

（5）在确定改造或改建工程方案时，应注意新旧结构之间的关系，充分发挥原有结构的作用。

（6）养护作业和工程实施应注意保障车辆、行人的安全通行及环境保护。

（7）桥涵构造物养护应有对付洪水、流冰、泥石流和地震等灾害的防护措施，同时备有应急交通方案。

（8）新建或改建桥梁交工接养，应有完备的交接手续并提供成套技术资料。特大、大桥应配置养护设施、机具，设置养护工作通道、扶梯、吊杆、平台。设计单位应提供养护技术要点及要求。未配置或配置不能完全满足养护工作需要的，可根据实际需要予以增添。

（9）桥涵构造物的检查及技术状况评定、养护对策，维修、加固、改建的竣工验收等有关技术文件，均应按统一格式完整地归入桥梁养护技术档案及数据库。

（一）桥梁的养护维修

桥梁的养护维修是指为保持桥涵及其附属物的正常使用而进行的经常性保养及维修作业，预防和修复桥涵灾害性损坏与提高桥涵质量、服务水平而进行的改造。各类养护工程分别包括下列内容。

（1）小修保养工程。对管养范围内的桥涵及其工程设施进行预防性保养和修补轻微损坏部分，使其经常保持完好状态。它通常是由基层管理机构在年度内小修保养定额经费内，按月（旬）排计划，经常进行的工作。

（2）中修工程。对管养范围内的桥涵及其工程设施的一般性磨损和局部损坏，进行定期的修理加固，恢复原状的小型工程项目。它通常是由基层管理机构按年（季）安排计划并组织实施。

（3）大修工程。对管养范围内的桥涵及其工程出现的较大损坏，进行周期性的综合修理，以全面恢复到原设计标准；或在原技术等级范围内进行局部改善和个别增建，以逐步提高通行能力的工程项目。

（4）改建工程。对桥梁及其工程设施因不适应交通量、载重、泄洪或局部改建需要提高技术等级及重建，或通过改建显著提高其通行能力的较大工程项目。

（5）专项抢修工程。这是指采用临时性措施在最短的时间内恢复交通的工程设施。专项修复工程是指采用永久性措施恢复桥涵原有功能的工程措施。对于阻断交通的桥涵恢复工程，应优先考虑。

按照《公路桥涵养护规范》（JTG 5120-2021）的要求，公路桥涵养护应遵循下述技术政策。

（1）公路桥涵养护工作按"预防为主，防治结合"的原则，以桥面养护为中心，以承重部件为重点，加强全面养护。

（2）推广应用先进的养护技术和科学的管理方法，改善养护生产手段，提高养护技术水平，大力推广和发展公路桥涵养护器械。

（3）公路桥涵的养护按其工程性质、规模大小、技术难易程度划分为小修保养、中修、大修、改建和专项抢修工程五类。

（4）桥涵养护工程应重视经济技术方案的比选，并充分利用原有工程材料和原有工程设施，以降低成本。

（5）重视环境保护和环境综合治理。

（二）桥梁加固

桥梁加固的含义为：当桥涵构造物局部损坏或承载力不足时，对桥涵构造物所进行的修复和补强工程措施。通过改善结构性能，恢复和提高桥梁结构的安全度，提高其承载能力和通过能力，以延长桥梁的使用寿命，使整个桥梁结构可满足规定的承载力要求，并满足规定的使用功能需求。桥梁加固一般是针对三至五类桥梁，或者是临时需要通过超重车的桥梁。有些时候，加固补强和桥梁拓宽、抬高等技术改造工程同时进行，以满足并适应发展了的交通运输的要求。

桥梁结构的安全性包括：结构的承载力、刚度、稳定性及耐久性等指标，即桥梁结构必须满足承载能力要求及正常使用功能要求。桥梁结构应具有足够的强度，以承受作用于其上的荷载，使桥梁结构的构件或其连接不致破坏；结构各部分应具有足够的刚度，以使其在荷载作用下不产生影响正常使用的变形；构件的截面必须有适当的尺寸，使其在受压时不发生屈曲而丧失稳定性。对桥梁结构不仅要保证结构具有整体强度、刚度及稳定性，而且必须保证结构各组成部分具有足够的强度、刚度及稳定性，同时结构物必须具备良好的使用性能与耐久性。但是，桥梁结构由于所受荷载的随机性、材料强度的离散性、制造与安装质量的不确定性以及理论计算的近似性等原因，其实际安全度往往是一个不确定值。有的桥梁由于设计与建造年代久远，设计荷载标准偏低，重车增多后而不适应；有的桥梁由于采用了不恰当的结构形式或采用了不合理的设计计算方法，导致桥梁结构实际受力状态与力学图式不尽相符；有的桥梁在施工时由于质量控制不严、管理不当造成不应有的缺陷；有的则是因为不注意日常养护维修而导致结构产生缺陷；有的是使用不当而不能维持正常的工作条件等。

二、桥梁加固改造特点

桥梁加固改造是一项十分重要而又极具专业性的工作，要求将专业基础理论与桥梁病害有机结合在一起，需要考虑的因素涉及方方面面。从某种意义上讲，无论是加固改造方案的拟订与设计计算，还是加固改造的具体实施，其难度往往比新建桥梁还大。

（一）桥梁加固改造中的技术分类

桥梁主要承重结构的加固补强的根本目的是恢复和提高其承载能力，改善其使用性能，防止桥梁结构的安全隐患，提高其通行能力。加固与技术改造的方法大致分以下几种类型。

1.加固补强薄弱构件

对于有严重缺陷或因通行重型车辆而不能满足承载力要求的薄弱构件，可以采用新的材料（钢筋、钢板、混凝土、复合材料等），以增大构件的截面尺寸、增设外部预应力钢筋或用化学粘贴剂、粘贴补强材料等补强措施进行加固补强，这种方法实际上是通过增加刚度或增加受力材料数量来提高原构件的承载能力。

2.增设辅助构件

在原结构基础上增加新的受力构件，如在多梁式梁桥中为增强横向联系而增设端横梁、中横梁；又如桩基承载力不足时，增设扁担桩、增设扩大承台等。

3.改变结构体系

不同的结构体系其受力性能不同，通过结构体系的转换来改变原有结构的受力状况，人为地改善原结构受力整体性能，以达到改善和提高桥梁承受荷载能力的目的。例如，将有推力体系的拱桥改变成无推力体系的拱桥以改善拱圈、拱脚及拱顶截面的受力状态；又如将原有的多孔简支梁桥通过一定的构造措施改变为连续梁桥，利用连续体系来改善原有简支梁跨中部分的受弯等。结构体系的转变一般都能起到较好的加固补强效果，但随着体系的改变所形成新体系中，某些构件或截面的受力需按新体系进行认真的检算，并采取相应的措施。

4.更换构件

桥梁局部构件有严重缺陷而不易修复时，也可采用新的构件替换原有结构。如斜拉桥的拉索锈蚀损坏时，可用新的拉索来替换；当桥梁支座失去功效而不能满足主梁变形受力要求时，可将主梁顶起更换支座；又如少筋微弯板梁桥的微弯板，破损后不易修复，也可考虑更换；再如双曲拱桥的拱波、刚架拱桥的桥面板等。

5.桥梁加宽

当桥梁宽度不足影响到桥梁通行能力时，桥梁就需要加宽。加宽一般和提高荷载等级、改善桥面线形等同时进行。

6.其他上部结构的特殊改造方法

有些加固改造方法在实际工程中应用不多，如桥梁平面线形的改善，桥梁的升高、降低等。

7.墩台基础防护

桥梁上部结构进行补强加固提高其承载能力的同时，对桥梁下部结构及基础是否需采取补强措施也应认真研究。如果原桥下部结构及基础具有足够的潜力，足以满足上部结构补强加固所增加的桥梁自重以及活荷载对它的要求时，则可不再采取补强措施。

如果墩台基础的承载能力不足，或者上部结构缺陷、承载能力的降低等是由于墩台与基础的位移或缺陷等原因引起的，则应对原桥墩台基础进行必要的补强加固。常用的方法较多，如基础灌浆，加钢筋混凝土桩，扩大承台、基础及台后打粉喷桩，基础周围抛置片石、块石（常置于钢筋笼内，主要用于防冲刷）等。

8.桥台加固

当桥台本身因其强度刚度不足时，可能发生较大的位移，可采用的方法很多，如对桥台进行顶推，改变桥台结构形式，对桥台身进行局部补强等。

9.桥墩加固

桥墩的加固补强技术，一般通过对桥墩结构的补强、限制或减小墩顶的位移、增加墩身承载能力（如改变墩身结构形式、增加墩身截面面积）等途径进行。

（二）加固改造的一般特点

桥梁加固改造方案的拟订，首先必须根据桥梁现有的技术状况和使用荷载的要求，对加固改造的必要性和可行性做出判断，然后对各种可能的加固改造方案的技术经济效果进行分析比较，从中选择合理的改造方案，总体上应注意以下问题。

（1）一般来说，需加固改造的桥梁结构，均有一定的病害，结构已处于相对危险的状态，故加固改造方案必须考虑尽可能少地扰动原结构，特别是主要承重结构，以防安全。

（2）桥梁的加固改造工程通常要求在不中断交通、尽量少中断交通的条件进行施工，故要求施工工艺简单且容易操作，施工速度快、工期短。

（3）加固改造的施工面狭窄、拥挤，常受原有结构物的制约。

（4）补强加固施工往往对相邻结构构件也产生影响。

（5）加固改造施工中对原结构的拆除、清理工作量大，工程较烦琐零碎，并常常隐含许多不安全因素，要求施工人员更加注意操作安全与施工质量，严格进行施工管理。

（6）加固改造的方案拟订与设计计算，要充分考虑新、旧结构的强度、刚度与使用寿命的均衡，以及新、旧结构共同工作，特别应注意新增混凝土部分在达到一定的龄期前仅仅只能作为恒载来考虑。

（7）加固改造方案应尽可能周密考虑荷载增加和减少对原结构的影响，旧结构的拆除与新结构的补加，在有些桥梁结构形式中应考虑减载、加载程序；对大多数桥梁结构，以增加最少的荷载为宜。

（三）加固改造的技术要求

（1）加固方案及实施应尽量减少对原有结构的损伤，并充分利用原有的结构构件的承载能力，且应保证原有结构保留部分的安全性与耐久性。对于确无利用价值的构件则予以报废、拆除，但其材料应尽可能考虑回收。

170

（2）加固改造应做到可靠、安全、耐久，满足使用要求，这实际上是对桥梁进行技术改造的基本要求与目的。

（3）加固改造工程在施工过程中，应尽量不中断或少中断交通，改造工程的技术经济指标应包括由于交通受阻等所带来的经济损失。

（4）加固改造工程的施工，应是技术上简易可行，施工上方便，所要求的机具设备尽量简单易操作，且应重量轻，体积小。

（5）加固改造应尽可能地采用轻质材料，也应尽可能地探索使用新材料。

（6）对于某些由于因下部结构或基础的不均匀沉降等原因而导致的上部结构的损伤，或由于其他偶然因素（如地震、强风、船舶碰撞等）所引起的结构损伤，在进行补强加固时应同时考虑采取消除、减小或抵御这些不利因素的措施，以免在加固后结构物继续受此因素的影响。

（四）加固改造工程必须满足的基本条件

加固改造应满足以下基本条件：

（1）桥梁经技术改造后，其结构性能、承载能力与耐久性等都能满足使用上的要求。

（2）具有较明显的经济效益和社会效益。

对于桥梁结构物的改造可以采用两种不同的方式：一种是废弃原有结构物进行重建，这就相当建造一座符合新的使用要求的新桥，但还要包括拆除原桥的工程；另一种是充分利用原桥进行加固补强，若需加宽则再行拓宽。桥梁加固改造的经济效益反映在它的耗资明显低于新建，否则就无法体现其优越性。研究表明，加固改造旧桥的投资一般应低于新建桥梁投资的40%~50%，当然，还应考虑相关社会效益及其影响。

为了更好地对各种技术改造方案进行技术经济比较，对各种改造方案进行评价，从中选择合理的技术改造方案，可以用以下两个指标进行分析比较。

1.结构改善系数

桥梁加固改造的主要目的之一就是提高桥梁的承载能力，结构改善系数就是表示经加固改造后桥梁承载能力提高的百分率，即

$$K = \frac{Q_2 - Q_1}{Q_1} \times 100\%$$

式中，Q_1——桥梁加固改造前通过活荷载的能力；

Q_2——桥梁加固改造后通过活荷载的能力。

目前对桥梁的承载能力尚缺乏准确的、可以完全量化的评定方法，即式中的 Q_1、Q_2 尚难量化。一般而言，桥梁加固改造往往是通过增强原结构的抗弯刚度来提高其承载能力的，故结构改善系数后可以转换为加固改造前后在设计荷载作用下所产生的最大挠度值的变化来表达，即：

$$k = \frac{f_1 - f_2}{f_1} \times 100\%$$

式中，f_1——加固改造前原结构在设计荷载作用下的最大挠度；

f_2——加固改造后同一荷载作用下的最大挠度与由加固改造所增加的恒载产生的挠度之和。

f_1、f_2 的取值，当有试验资料时，可用实测挠度值；无试验资料时可采用理论计算值。

2.成本效益系数

成本效益系数是指加固改造工程单位成本所得的"结构改善系数"，成本效益系数愈大，说明该桥技术改造的经济效益愈好。成本效益系数 F 表示为：

$$F=k/S$$

式中，S——每平方米桥面所需的技术改造费用；

　　　k——结构改善系数。

不同的加固改造方案其技术经济效益往往会因桥而异，因为影响经济效益的因素很多，例如，桥梁结构形式差异，桥梁跨径的大小，损伤程度，加固补强设施的养护费用，中断、阻塞交通的损失，加固后的耐久性，安全和环境干扰程度等。因此，只有对加固改造工程的技术经济效果进行全面的综合评价，方能对方案的选择做出合理的判断。

（五）加固改造的设计计算原则

桥梁加固改造工程必须进行详细的设计计算，对关键的技术措施应尽量在事先进行必要的试验，以掌握其技术要求及检验方法。进行加固改造设计计算应遵循以下基本原则。

（1）应按现行公路桥涵设计规范进行设计。改造后的桥梁在使用荷载作用下，原有结构及新增加结构各部分的强度、刚度及裂缝限值等均应符合规范要求。

（2）应明确加固改造的具体目标，以确定加固改造设计计算方法。一般的桥梁加固改造是永久性的，有一些是临时性的，如超重车过桥。不同的目标有不同的计算方法。

（3）当仅要求提高原桥的承载能力时，改造工程可在原有结构保持恒载作用状态下进行。此时，原有结构的全部恒载及补强加固所增加的恒载，可以考虑由原构件（截面）承受，汽车荷载作用则由原结构和新增构件（截面）共同承担。

（4）在桥梁有条件中断交通和卸除部分恒载时，采取卸载措施，使桥梁在卸载部分恒载的状态下进行加固改造工作。此时，新增构件（截面）除与原有构件共同承受活荷载外，还承受原有结构的一部分恒载。

（5）设计时应周密考虑并采取必要措施，保证新旧结构、新旧混凝土的整体性并能共同工作。新旧结构的混凝土往往会由于收缩不同而导致结构内力重分布，从而引起新旧混凝土结合面的开裂，这会影响结构的整体性。因此，在设计时应注意尽量减小混凝土收缩的不利影响而采取相应的措施，如可采用微膨胀混凝土。

（6）设计计算的力学图式，应充分考虑已损坏结构的实际受力状态，这种力学图式不能使加固设计结果偏不安全。

（7）设计计算时应恰当考虑利用原有结构的承载能力。

（六）加固工程设计的工作程序

（1）根据桥梁管理系统的资料，初步确定需要进行加固改造的桥梁（主要是三~五类桥梁）。

（2）实地初步调查（一般检查）上述桥梁的病害，并分析病害发生的原因；查找原桥技术资料。

（3）调查并确定加固改造的目的、要求及技术标准。

（4）原桥承载能力及技术状况的评定与理论分析，确定是否进行特殊检查，如动静载试验。

（5）确定试验方案，并进行特殊试验，进一步确定是进行加固改造还是将桥梁废弃。

第二节 桥梁加固的基本原理

尽管目前梁式桥梁加固、提高承载力的方法和技术种类繁多，但基本原理却是相同的，归纳起来都是遵循力学的基本原理，从桥梁结构的外界因素和内在状况改变的角度进行加固补强，提高承载力。

一、从外因角度通过结构性能改变，提高主梁的承载力

（1）增大主梁截面面积。采用增加主筋、喷射混凝土、现浇混凝土、外包混凝土加大主梁截面尺寸，以及加厚桥面增加辅助构件等加固方法，都是属于增加主梁截面的加固方法和技术。采用增大主梁截面的方法加固，其目的是增加主梁截面的惯性矩或几何抗弯模量，当荷载产生的内力（弯矩）不变，或荷载等级提高时，通过改变截面面积的途径，减少主梁截面的承受的拉力（通常压应力不控制承载力），使其不超过主梁材料性能承受范围，从而达到加固主梁，提高承载能力的目的。

（2）增加主梁的强度。对主梁采用环氧砂浆（胶浆）粘贴钢板（筋）、环氧玻璃钢、碳纤维布、芳纶纤维布等高强材料，增加主梁的强度，都是属于此类加固方法和技术。采用增加主筋强度的方法，在不变主梁截面的前提下，当荷载等级不变或荷载等级增加时，增加了主梁的强度，使荷载

对主梁产生的拉应力小于补强材料的强度，从而达到加固主梁，提高主梁的承载力的目的。

二、从内因角度通过调整内力提高主梁的承载力

改变原桥结构体系，采取将简支梁体系改变为连续梁体系、加八字支撑改变桥梁的跨径，或通过外加预应力将主梁结构由纯弯结构变为压弯结构，减少原桥主梁承受的荷载内力，从而减少主梁承受的拉应力，从而与上述加固方法一样，同样可以达到加固主梁，提高承载能力的目的。

综上所述，无论采取何种加固方法和加固技术，无论采取外部条件改变主梁的结构性能，还是通过结构体系的改变调整主梁的内力的加固方法，其基本原理都是为了减少主梁承受的拉应力或增强主梁承受拉应力的能力，满足结构受力的需要，提高原桥梁的承载能力。

随着科学技术的不断进步和发展，将还有更多的桥梁加固新材料、新技术的不断涌现和问世，促进桥梁维修、养护、加固与改造技术的发展。

第三节 增大梁截面加固方法与技术

目前，国内有相当一部分桥梁，在修建年代时，荷载等级仅适应当年的要求，因而按当时荷载等级设计的桥梁，面对今天交通事业的发展，已表现出荷载等级偏低、承载力不足的缺陷，病害逐渐产生和发展，成为危桥。其主要原因是：原桥钢筋和截面尺寸偏小，不能满足当今交通需要。对于这部分桥梁，可以采用增大构件截面的方法进行加固。增大构件截面

的途径有：增加受力钢筋主筋截面、加大主梁混凝土截面、加厚原桥面板和喷锚四种方法。

一、增焊主筋加固法

当结构因主筋应力超过容许范围，而桥下净空受到限制时，不能加大截面高度，只能采用增焊主筋进行加固，其加固要点如下。

（一）增焊主筋

首先凿开混凝土保护层，露出主筋，将原箍筋切断拉直，再把新增钢筋焊在原主筋上，增焊钢筋断头宜设在弯矩较小的截面。为减少焊接时的温度应力，应采用断续双面焊缝，从跨中向两端依次施焊。

（二）增设箍筋

如果原桥梁的箍筋不足，梁腹出现剪切裂缝，则加固过程中，在增焊主筋的同时，应在梁的侧面增加箍筋。具体做法是：在梁腹上埋入梢钉，把补充的箍筋固定起来，并把箍筋上端埋入桥面板中。

（三）卸除部分恒载

加固时，为了减少原结构的截面应力，使新增加的钢筋充分发挥作用，有条件时应采取多点顶起措施，将梁顶起或凿除部分桥面铺装，然后再进行加固（起顶位置和吨位由计算来确定）。

（四）恢复保护层

钢筋焊接好并接长箍筋后，应重新做好保护层。材料最好是用环氧树脂小石子混凝土（砂浆）或膨胀水泥混凝土（砂浆）。修复保护层，通常有三种可供选择使用的方法：涂抹法、压力灌注法、喷护法。采用喷护法时，应采取分层喷涂水泥砂浆，每次喷涂厚度为 1～3cm 为宜，待砂浆达到一定的强度后，最后进行表面修整。加固示意如图 6-1 所示。

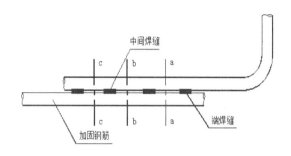

图 6-1　增焊主筋加固法示意图

二、增大梁肋加固法

在现有桥梁中。有一部分桥梁是属于 T 形截面的桥这类桥常因原截面高度不够，或面积过小，导致承载能力不足，出现了病害。对于这部分桥梁，通常是将梁的下缘加宽加强，扩大截面，并在新混凝土截面中增设受力主筋。在靠近支座处，主筋上弯，与原结构主筋相焊接。

在浇筑新混凝土截面时，为了保证新旧混凝土之间有良好的粘连，需在浇筑混凝土前，先将结合部位的旧混凝土表面凿毛，露出骨料，清洗干净。同时每隔一定距离凿露出主筋，以便通过锚固钢筋将新增加的主筋与原结构中的主筋相连接，新增加的混凝土一般采用悬挂模板现场浇筑。

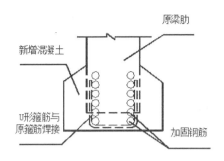

图 6-2　增大梁肋加固法示意图

三、加厚桥面板加固法

当原桥的承载能力不足，截面面积过小，而墩台及基础较好，承载力较大，为了方便施工，有的桥将原有桥面铺装层拆除，在桥面板上浇筑一层新的钢筋混凝土补强层，用以提高桥梁的抗弯刚度，这种加固补强方式称为"加厚法"。

为了使新旧混凝土有良好的结合，应把原桥面板表面凿毛洗净，每隔一定的距离都要设置齿形剪力槽或埋设桩状，或用环氧树脂作为胶结层。同时，在桥面板上铺设钢筋网，以增强桥面板的整体性和抗压能力，防止新浇筑的混凝土补强层开裂。钢筋网的直径和间距根据板的受力要求来确定。加固后重新铺设桥面的铺装层。

这种方法由于加厚部分使桥梁自重和恒载弯矩增加较多，并且仍然是原结构下缘受拉钢筋应力控制设计，故此加固方法一般只适用于跨径较小的 T 形梁桥或板梁桥，而且在加固前应对梁（板）的受力状况进行详细内分析，在梁（板）下翼缘强度容许的限度内确定桥面的加厚高度。

对于有三角垫层的桥面板，可将原作为传力结构的三角垫层凿去，代之以与原桥面板结合为整体；共同受力的钢筋混凝土补强层，或用钢筋混凝土补强层取代桥面铺装层。这样在不增加桥梁自重的情况下进行加固补强，效果更为明显。

四、喷射混凝土加固法

当原桥桥面积过小，下缘主拉应力超过容许值出现裂缝，而桥下净空又允许时，采用喷射加固法进行加固。其加固要点如下。

（一）采用灌浆法修补裂缝

对钢筋混凝土桥梁结构裂缝采用灌浆法修补的工艺流程如下：

（1）准备。依据裂缝数量、长磨及宽度，进行化学压浆配量、埋嘴、灌浆等方面的计算和安排。

（2）钻孔。在裂缝交叉处钻孔，对深孔还需在裂缝表面进行骑缝钻孔，作为压力灌浆的异向孔。

（3）清孔及裂缝表面处理。对裂缝用高压空气将孔眼吹干净，使其不被灰渣阻塞，然后沿裂缝从上而下将两边 3~4cm 范围内的灰尘、浮浆用小锤、手铲、钢刷、毛刷依次处理，将构件表面整平，凿除突出部分，然后用丙酮擦洗，清除裂缝周围的油污，清洗时应注意不要将裂缝堵塞。

（4）粘贴压浆嘴。用砂纸除去压浆嘴底盘的铁锈，并用丙酮清洗干净。然后用 502 胶水将底盘与孔眼对准粘贴在裂缝上。

压浆嘴的间距一般以 20~50cm 为宜，可根据缝长及缝宽进行调整，一般宽缝间距可稀，窄缝间距宜密，每一道裂缝至少需一个进浆孔及一个排气孔。注意，压浆孔眼必须对准裂缝，以保证导流通畅，压浆嘴应粘贴牢靠。

（5）裂缝表面封闭。为使混凝土缝隙完全充满浆液，并保持压力，同时又保证浆液不外渗，须对已处理过的裂缝表面（除孔眼及嘴子外）用环氧树脂胶泥沿裂缝走向进行封闭，形成宽度为 6~8cm 的封闭带。

（6）密封检查。环氧封闭带固化后，需进行气密性检查，以检查封闭带是否封严。在封闭带上及灌浆嘴周围涂上肥皂水，检查方法是将压缩气体通过压浆嘴，气压控制在以 0.15~0.3MPa，如发现通气后封闭带上有泡沫出现，说明该部位漏气，又漏气部位可再次封闭。

（7）配制浆液。密封检查完毕后，根据裂缝长度、宽度、部位及现场施工温度，配制环氧树脂压浆液，即配即用，每次不宜超过 1kg。

（8）压力灌浆。将配制好的环氧浆液倒入压浆罐内，盖上盖子拧紧，待空压机压力在 0.15~0.2MPa 时，打开出浆开关，并注意观察透时压浆管里的浆液流动情况，如果进浆不顺畅，可把泵压适当提高。

压力灌浆的顺序是：顶板及底板的裂缝可由左向右、由低端逐渐压到高端；对于竖向裂缝可由下向上逐渐灌注。从一端开始压浆后，当另一端的压浆嘴在排出裂缝内的气体后喷出的浆液与压入的浆液浓度相同时，可停止压浆，在保持压力的情况下封堵压浆嘴。

（9）裂缝表面处理。对已灌完浆液的裂缝，待浆液固化后将压浆嘴一一拆除，并将粘贴压浆嘴处用环氧胶泥抹平，使其颜色与原混凝土结构表面尽量保持一致。压力灌浆示意如图 6-3 所示。

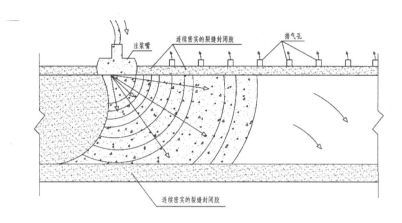

图 6-3　压力灌浆示意图

（二）布设钢筋网

按照提高承载能力的需要，在桥下缘布设钢筋网。通常是按一定的间距将梁底的保护层凿除，通过连接钢筋先将部分钢筋沿桥面纵横向焊接到原主筋上，构成钢筋骨架。然后根据加固设计要求，按一定间距将其余的钢筋焊接或绑扎在钢筋骨架上，构成钢筋骨。钢筋网的作用在于承受拉应力，提高喷层强度，传递温度应力，减少收缩裂纹，加强喷射混凝土的整体性等。

（三）喷射混凝土

喷射混凝土层的厚度，根据设计需要确定，每次喷射厚度不宜超过3~8cm，若需加厚，应反复多喷几次，复喷混凝土时间，应视水泥品种、施工气温和速凝剂掺量等因素而定。喷锚混凝土，可采用早强普通混凝土，也可采用钢纤维增强混凝土，有条件的地方宜尽量采用钢纤维增强混凝土，加固效果更好。采用锚喷法加固桥梁，施工不需立模、搭架简单、施工方便、工期短、补强效果好。但需要专门的喷射混凝土机具，对喷射手的技术要求较高，其技术水平将直接影响加固补强的质量。

第七章 简支梁桥加固技术

第一节 梁桥常见病害综述

根据各省对运营中公路危桥病害的状况调查，发现大量的空心板桥出现了不同程度的病害，包括桥面系病害、上部结构病害、下部结构病害等。

一、桥面系病害

桥面铺装既保护行车道板不受车辆直接磨损、防止板遭受雨雪侵蚀，还起着分布车轮荷载的作用，对荷载的横向传递有利。研究表明，桥面铺装叠合效应对空心板受力性能是有影响的：适当增加铺装层厚度及采用桥面连续结构均可使简支空心板桥的受力性能得到一定程度的提升，桥面铺装层对桥梁的承载力和对桥梁的荷载横向分布的能力都是具有明显贡献的；当铺装层厚度一定时，水泥混凝土铺装比沥青混凝土好，桥面铺装材料采用刚性的钢筋混凝土和钢纤维混凝土对铰缝结构受力性能更为有利。仿真模拟分析时，考虑桥面铺装参与主梁受力更加接近荷载试验的实测结果，结构更偏于安全。

与空心板铰缝病害相似，连续桥面病害也会导致其他次生病害的发生，例如桥面的水通过连续桥面结构的裂缝渗漏到上部结构梁板内，或者渗漏到墩台盖梁上，损害这些结构的耐久性。连级桥面的裂缝在沥青铺装层形成反射裂缝，雨水渗入裂缝后不能及时排出，使沥青铺装层下面形成积水，造成更严重的桥面损坏，影响行车舒适性。

桥面铺装发生不同程度的裂缝或损坏的原因，可分为设计因素和施工因素。设计因素包括：桥面铺装层设计理论不足、荷载因素考虑不充分、桥面铺装层混凝土强度不足、桥面铺装层厚度局部偏薄、桥面铺装层配筋偏小、排水设计不合理；桥面板刚度不够等。施工因素包括：桥面铺装层与梁板黏结不好；桥面铺装层钢筋网定位不准确；桥面铺装层混凝土施工控制不严格；桥面铺装层特殊位置处理不当，如施工缝、伸缩缝以及桥梁拓宽改建时新老桥交界处；桥面铺装层混凝土养护较差；桥面防水层的影响等。

二、上部结构病害

（一）铰缝病害

铰缝病害一般可描述为空心板桥梁在铰缝处出现破碎，导致单板受力现象，造成桥面铺装屡修屡坏。严重时，甚至会发生铰缝混凝土整体脱落、铰缝透空的情况。该病害严重削弱了空心板的横向连接整体受力性能，并且往往会导致其他次生病害的发生。因这种病害的维修需要封闭交通，挖开桥面铺装，掏空原有的破碎铰缝残渣，因此维修复杂，工期长，对交通的影响大。这些因素已直接影响到空心板这种结构形式的进一步推广和应用。

铰缝出现开裂、脱落等病害的原因可主要归结为计算理论、设计因素、施工因素、其他因素。计算理论方面，铰接板计算理论中假设竖向荷载作用下铰缝只传递竖向剪力，然而空心板铰缝处受力复杂，用传统的铰接板计算理论不能满足目前交通运输快速发展下桥梁的使用要求。设计方面，铰缝结构尺寸偏小，缝间连接钢筋薄弱，设计中没有足够重视新旧混凝土之间的黏结力弱化问题，均会导致铰缝病害的产生。施工质量方面，施工队伍普遍对铰缝不够重视，不能做到严格按照规范和施工工艺的相关要求进行施工。铰缝混凝土振捣不密实，铰缝内钢筋保留不全，铰缝底部用布条、麻布等杂物填充，没有浇筑铰缝砂浆等，均会导致铰缝混凝土强度达不到设计要求。浇筑铰缝混凝土前对空心板侧没有认真凿毛，不仔细清除凿毛产生的松动混凝土块，或是没有将板侧进行洒水湿润，都会降低新旧混凝土之间的黏结力。

此外，超载车、地震、下部结构不均匀沉降等其他非正常因素也能导致铰缝的破坏。从现实的交通状况看，实际行驶的重载车辆普遍存在超载运输现象。据调查，高等级公路上空心板桥损坏情况较一般等级公路严重。尽管高等级公路采取了限制措施，在利益驱动下仍有重载车选择夜间行驶。超载车辆载重大、车速慢，形成"重车集中、成串通行"现象，给桥梁和路面造成严重的损坏。车辆荷载在小跨径桥的荷载总效应中所占比例远大于大中桥，所以超载对小跨径空心板桥尤为不利。高等级公路，尤其是高速公路对行车道的划分，使车辆行驶轨迹具有规律性。重车一般行驶在靠右侧的行车道上，大大提高了若干空心板块承受重车荷载的概率，致使这些板块间的铰缝更容易发生破坏，各支座压缩变形不均匀。铰缝示意如图7-1所示。

桥面补强层加固，即在旧混凝土或钢筋混凝土板顶加铺一层钢筋混凝土，使其与原有主梁形成整体，从而达到增大主梁有效高度和抗压截面、桥面整体高度和抗压截面，增加桥面的整体刚度，提高承载能力的目的。此法既能修补已出现裂缝、剥离等病害的板梁又能增加梁板的有效高度和抗弯能力，还可提高板梁的整体性。

图 7-1 空心板铰缝示意图

桥面补强层常用材料有钢筋网与混凝土、钢筋网与膨胀混凝土、钢纤维混凝土等。

桥面补强层加固有如下特点：

（1）施工时需凿除原有桥面铺装，同时考虑到新旧混凝土相结合，新浇混凝土的干燥收缩影响等，尚需设置连接钢筋和钢筋网。

（2）桥面补强加固后，自重增加，承载能力提高不显著，此法利于在抗压截面较小的场合使用。

（3）该法能提高铰缝的工作性能，改善空心板桥荷载的横向分布，提高桥梁的整体受力效果。

（二）板梁裂缝

大量的预应力混凝土空心板梁桥在通车运营 3~5 年后，底板出现长度不等的纵向裂缝，裂缝的数量、宽度具有随着时间的增长而增加、加宽的趋势，对桥梁的使用耐久性有重要影响。底板的纵向裂缝一般多出现于预应力混凝土空心板桥上。

横向裂缝病害多发生在板梁的跨中附近，而且经常是在一个区域大范围成片出现。此类病害将会大大降低板梁的刚度，此外还往往伴随有渗水和钙化等其他病害。

预应力空心板桥梁体产生纵向裂缝的主要原因有主梁刚度不足，桥面整体化层太弱；截面尺寸偏小；预应力效应突出，由于泊松比效应和预应力变形对构件产生反向作用力，在骤然降温作用下，空心板梁内外会产生较大横向温差应力等。

横向裂缝的出现则主要是梁板之间的横向联系破坏，车轮荷载不能得到有效传递，导致单块空心板承受的车轮荷载作用大于设计荷载而开裂。

空心板腹板斜裂缝病害原因可归结为以下几个方面：

（1）设计缺陷。普通空心板挖空率约为38.5%，部分结构在设计中为降低结构自重，挖空率过大（高达60%~70%），从而导致腹板有效抗剪面积过低。另外，大量铰接空心板桥采用装配式先张预应力混凝土结构，板梁端部无弯起钢筋和弯起预应力束，导致腹板单层箍筋无法满足抗剪要求。纵向预应力造成的反拱效应也可能导致端部腹板的斜裂缝。

（2）铰缝病害。因梁板间铰缝的破损，使该位置横向刚度降低，力的横向传递未达到理论要求，导致梁端实际承受的内力大于正常铰接情况下的理论设计值。

（3）支座病害。单块空心板梁一般都是设置四点支撑的橡胶支座来传递荷载，桥梁定期检查报告表明，大量的铰接空心板桥在支座脱空或剪切变形严重的现象。支座脱空将导致空心板单侧腹板受力增大，从而造成斜裂缝的出现。

（4）车辆超载。重载及超载车辆作用下梁端附近在较大的剪力作用下产生的主拉应力超出该部位混凝土的承受能力，导致出现斜向裂缝。

（三）支座病害

空心板承受外荷载作用离不开下部结构的支撑，支座将上部结构荷载传递到下部墩台，支座的损伤会导致桥梁受力状态的改变。在支座受损时，沥青混凝土面层和水泥混凝土铺装层的横向正应力与纵向正应力以及铰缝的纵向剪应力受影响很大，而空心板的各项应力基本保持不变；在匀速移动荷载作用下，带支座损伤的空心板桥跨中挠度的动力放大系数可以比支座未损伤时增大 22%；在冲击荷载作用下，支座损伤对动力放大系数的影响主要出现在有支座损伤的空心板梁上。

由于人为的（勘察、设计、施工、使用等）以及自然的（地质、风雨、冰冻等）原因，使桥梁结构出现不符合现行规范与标准要求的一些问题和现象。

三、下部结构病害

下部结构病害会严重影响桥梁的适用性和耐久性，若不及时处理加固，可能会出现桥梁垮塌。在进行加固处理前，需先分析病害产生原因，进而判断该病害是否具有加固必要。如果有必要，应从加固技术和施工工艺方面分析能否实现加固目的，之后需提出不同加固方案，进行比选，确定最终加固方法。

（一）桥墩病害

桩柱式墩是在软土地基中运用最多的桥墩形式。桥墩是将其上部结构荷载传递到基础的重要桥梁构件。其主要病害形式分为下沉变位、开裂、墩顶混凝土破损、钢筋锈蚀、露筋、混凝土剥落等。

（1）下沉变位。因桥墩上承上部结构，下接基础，基础如果发生沉降、滑移必然导致墩身的下沉与变位，更有甚者，可导致墩身开裂。

（2）开裂。墩身开裂的裂缝大致可以分为水平裂缝、竖向裂缝和网状裂缝。因为墩身混凝土浇筑属于大体积混凝土的浇筑，必然会设置水平灌注接缝。若施工时处理不当，会导致墩身水平裂缝的产生。而墩身竖向裂缝一般从基础向上开展，呈现出下宽上窄的形态，主要是地基软弱或者基础发生了不均匀沉降所致。施工后混凝土水化热和外部气温的差异、气温变化以及混凝土本身的收缩徐变产生了温度应力，使得墩身呈现出网状开裂的形式。

（3）墩顶混凝土破损。是支座尺寸过小，造成对墩顶的压强较大，加上重载交通的影响，会导致墩顶混凝土破损。

（4）钢筋锈蚀、混凝土剥落。桥墩本身存在微裂缝，水会通过微裂缝进入墩身混凝土保护层，直至钢筋所在的位置。此后钢筋会在水的作用下发生锈蚀现象。而钢筋锈蚀后，体积增大，混凝土保护层崩裂，造成混凝土剥落。

（二）盖梁病害

盖梁的主要作用是支撑桥梁上部结构，并将上部传下的恒载和活载传递到墩柱，其主要病害如下。

（1）开裂。盖梁出现裂缝主要有在自上而下的盖梁负弯矩区的垂直裂缝、顺桥向横贯盖梁的水平裂缝及自下而上的斜剪裂缝。垂直裂缝和斜剪裂缝主要是受下部桩基沉降不均匀、支座脱空、重载交通的影响，盖梁中产生的次内力过大，致使混凝土开裂。而顺桥向横贯盖梁的水平裂缝是因为梁和活载的作用集中地通过支座传至桥墩，使墩顶周围其他部位产生拉应力，使混凝土开裂。

（2）局部受压破坏。支座尺寸过小或重载交通的影响，使得支座处混凝土的局部应力过大，压碎混凝土。

（3）挡块挤压开裂。盖梁上的挡块主要是防止梁体产生横向移动而脱离下部的桥墩设置。因为挡块与梁体间距预留空隙不够，梁体在汽车荷载的影响下产生了横向变形，挡块被挤压开裂。

（4）渗水、钢筋锈蚀。由于盖梁都是位于上部结构的伸缩缝处，桥面上的水会通过伸缩缝渗入，导致盖梁处于水浸湿的状态。水通过盖梁的裂缝，盖梁中的钢筋在水的作用下锈蚀。

（5）混凝土剥落、露筋。钢筋锈蚀，体积膨胀，而后混凝土保护层开裂、剥落，钢筋露出，形成一个恶性循环。

（三）桥台病害

桥台不仅要支承上部结构，将荷载传递给基础，还要衔接两岸路堤、抵御台后土压力，故其病害较桥墩多。主要有开裂、位移、钢筋锈蚀、混凝土剥落等。

（1）开裂。台身开裂主要由台后填土不良、基础下沉引发。基础不均匀沉降、台身与基础混凝土收缩徐变差异、填土积水使得台身出现竖向裂缝。在台后土压力和车辆荷载反复压力的作用下，侧墙翼尾顶部会出现较大幅度的变形位移，导致前墙与侧墙交会转角处应力过大，发生开裂现象。桥台浇筑为大体积混凝土浇筑，内部水化热较大、收缩徐变明显，致使台身产生网状裂缝。

（2）位移。桥台倾斜和不均匀沉降主要是因为基础下存在不良地基、基础不均匀沉降、流水冲刷。而桥台滑移在软土地基上出现较软，当软土含水量提高或出现塑性流动时，台背所受填土主动土压力增大，超过桥台抗滑能力，进而出现滑移现象。

（3）钢筋锈蚀、混凝土剥落。一般来说，桥台位于伸缩缝下，当伸缩缝损坏时，渗水将不可避免。水侵入台身混凝土保护层，直至在水作用下钢筋锈蚀，混凝土剥落。

（四）基础病害

（1）基础沉降及不均匀沉降。在施工后，基础上部结构传来的荷载，尤其是汽车活载的作用，会导致地基土被压密，进而引发基础的沉降。这对桥梁来说是无法避免的，只要沉降值在合理的范用内则不需处理。基础下地基土性质也不是处处一致的，使得基础各处的沉降不一致，这也是导致墩台开裂的重要因素。

（2）基础的滑移和倾斜。基础经常受流水冲击而发生滑移；由于河床变迁等因素、桥台临河面地基土的侧向压力值小，使得其在台后填土的作用下，桥台基础滑移；桥台基础建于软土地基中，台后填土过高或其含水量增加，主动土压力增大，超过了其抵抗能力，基础产生滑移和倾斜。

（3）基础冲刷。在桥梁设计时，通过选择与上部结构相适应的一般冲刷以及局部冲刷深度值来控制基础埋深，以减少或者避免基础受流水冲刷。然而，由于施工时基础埋深不足，桥梁所在河流常年开采砂石，或者河床发生多余泥沙沉积，使河槽迁徙不定，都会导致基础被流水直接冲刷。随着基础长期被流水冲刷，基础下地基会被掏空，从而引发其他桥梁病害。

（4）基础结构物的异常应力及开裂。因墩台设计不合理，使得基础受力不均、局部应力过大，以致基础产生裂缝。在特殊外荷载（地震力）或冻害作用下，还会使基础结构物因出现异常应力而产生局部破坏。

第二节 梁桥加固总体要求与设计原则

一、梁桥加固总体要求

（1）经过加固改造的梁桥，其技术指标应符合现行有关标准的要求。对于有特殊使用要求的梁桥，可通过专门研究确定其技术标准。对于拟拆除的梁桥，应经过评定、验证后废弃。

（2）梁桥加固改造应按动态设计、动态施工原则进行。

（3）加固改造设计和施工方案的确定，应避免结构或构件出现倾斜、失稳、坍塌等现象，并宜尽可能不损伤或少损伤原结构保留部分。

（4）在满足结构验算要求的前提下，宜在采用增设整体式桥面板（梁）的同时拓宽桥面系的改造技术。

（5）加固改造采用的材料应符合现行国家有关标准的规定。

（6）加固改造前应按照有关要求及现行相关标准对其技术状况、承载能力做出评定，并对加固改造方案进行社会、经济和技术比较。

（7）下部结构基础受水流冲刷现象严重时，可在获得水利行政主管部门的行政许可的同时，经过水文调查和计算后对基础进行防护。

（8）混凝土构件裂缝处理应符合现行行业标准《公路桥梁加固设计规范》（JTG/T J22-2008）的有关规定。

（9）地基加固应符合现行行业标准《建筑地基处理技术规范》（JGJ 79-2012）的有关规定。

（10）工程需要而未做规定的其他加固改造技术，可按国家现行相关标准设计、施工。

二、梁桥加固设计原则

（1）对桥梁评定报告出具达 6 个月以上或结构病害明显恶化的梁桥，设计前设计单位应与原评定单位联合进行现场复查、评估桥梁技术状况。

（2）梁桥加固改造设计计算除应符合现行国家相关标准的要求外，还应符合下列规定：

①设计时宜采用现场实测原构件结构尺寸、线型及材料强度作为计算参数。

②设计计算时应考虑建桥时施工阶段对构件受力的影响。

③加固改造设计应进行各加固施工阶段构件的承载力、刚度和稳定性验算。

（3）加固改造后梁桥上部结构自重有改变时，宜对相关构件及地基进行结构检算。

（4）对抗震设防烈度为Ⅵ度及Ⅵ度以上地区的双曲拱桥加固改造，应依据现行行业标准《公路桥梁抗震设计细则》（TG/TB 02-01-2008）进行抗震设计。

三、梁桥加固施工原则

（1）大型梁桥加固改造工程宜进行施工阶段风险评估。

（2）施工时应对主拱的主要受力控制点进行变形观测。当实际变形超过计算位移值时，应立即停止施工并及时分析原因。

（3）梁桥加固改造工程施工管理应符合下列规定：

①施工应由具有相应资质及类似工程施工经验的施工单位进行，并聘请具有旧桥加固工程施工经验及相应资质的工程师实行全过程监理。

②施工应按国家有关基本建设程序做好准备工作及技术交底，编制实施性施工组织设计，制定必要的施工工艺细则，采取有效措施确保加固改造质量。

③施工前技术交底时，宜会同桥梁检测单位和设计单位现场复查双曲拱桥技术状况，并将复查结果通知委托方。

④梁桥加固改造施工时宜进行施工监控（测）。

⑤拆除原有结构前应按设计要求编制拱上建筑拆除专项施工组织方案及安全事故预防预案。

（4）施工时宜全桥封闭交通。对需半幅通车的桥梁，应避免在交通高峰期作业，并在施工及养生期间按通行车辆限速 5km/h、限载 20t 的要求进行交通管制。

第三节 桥梁常用的加固方法及实施

一、桥梁常用的加固方法

加固的公路旧桥中，大多为 20 世纪 80 年代前修建的桥梁，桥型以钢筋混凝土简支板桥、钢筋混凝土简支空心板桥、钢筋混凝土连续板桥、钢筋混凝土简支 T 形梁桥、石拱桥、钢筋混凝土双曲拱桥、板拱桥、肋拱桥等为主。

我国的相关学者及交通部门对桥梁的加固方法进行了调查，常用的加固方法为增大截面面积法、粘贴纤维复合材料（FRP）加固法、粘贴钢板法、体外预应力法及改变结构体系法等。

采用 FRP 加固法的桥梁占加固桥梁总数的 49%，改变结构体系法占 29%，粘贴钢板法占 14%，增大截面面积法占 7%，其他方法为 1%。

因 FRP 具有良好的耐久性，用 FRP 代替钢束进行体外预应力加固得到了很大的发展，所占比例呈逐年上升的趋势。如果遇到未涉及的加固方法，再针对此问题进行具体分析。

（一）增加梁（板）截面面积法

增加截面面积法是指在原构件上布设钢筋混凝土以达到增加结构承载力的方法。

1.加固类型

增加梁（板）截面面积法主要有三种方式：锚喷混凝土、增加梁肋和加厚桥面板。

（1）锚喷法指利用喷射工具将混凝土高速喷射到钢筋网上，待混凝土凝结硬化后形成新的截面。加固原理是利用增加的钢筋混凝土结构增强桥梁的受力性能，提高其承载能力。

（2）增加梁肋常被用于 T 形梁的加固，一般在加宽梁体的下翼缘或新增截面中加入纵筋。

为确保新旧混凝土间的黏结性满足要求，锚固钢筋将新旧主筋相连，新增混凝土用模板现场浇筑。

（3）墩台基础工作状况良好的情况下，由于主梁（板、拱）截面面积过小而导致桥梁的承载力不足时，可重新浇筑钢筋混凝土的补强层。在加固过程中，桥面板上还需铺设钢筋网，且每隔一段距离布置桩柱式剪力键、齿形剪力槽或胶结层，保证新旧混凝土之间良好的黏结性。

在加固过程中，为了使新老混凝土能够牢固地黏结在一起，一般在其结合面处植入抗剪钢筋或锚杆，并在原构件上涂界面剂。界面剂主要分为水泥类、环氧类等，设计规范还对两端的黏结剂和锚固措施做了相关规定。

2.适用范围

此方法适用于预应力构件或钢筋混凝土构件压、弯能力不足的情况，它可以提高受弯和受压构件的刚度以及抗弯、抗剪的性能，但也存在着自身的局限性，如增加截面面积会影响结构空间的利用率等，对原构件承载力的提高也有一定的局限性。

（二）粘贴钢板法

粘贴钢板法是指采用粘贴剂将钢板粘贴到原构件上，保证钢板与原构件能够共同受力，提高结构承载力的一种加固方法。

适用范围：粘贴钢板加固法一般用于受弯、受压和受拉的钢筋混凝土构件的加固情况，它是一种被动加固法，粘贴钢板后构件的挠度不会降低，裂缝也不会闭合，以此需要在加固前对桥梁卸载来降低挠度、闭合裂缝，改善混凝土和钢筋的应力状态，提高构件的承载力。粘贴钢板法加固如图7-2所示。

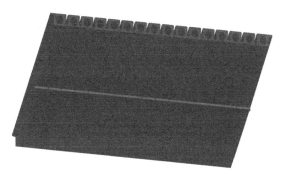

图 7-2 空心板粘贴钢板加固

粘贴钢板法不需要破坏原结构，加固后几乎不会增加原构件的截面尺寸，加固工艺简单，施工速度快，不需要中断交通，对人员的施工技术要求比较低，施工质量也容易保证。

但钢板的防腐是粘贴钢板法最大的问题，与其他加固方法相比粘贴钢板法对钢板后期的养护有更高的要求。

（三）粘贴 FRP 加固法

粘贴 FRP 加固法指采用黏结剂将纤维布（如 CFPR、玻璃纤维等复合材料）粘贴在原结构的损坏部位，使新旧材料形成整体共同受力以提高构件的抗剪和抗弯能力的加固方法。

1.加固类型

（1）梁、板受弯加固方式。是指为了达到提高构件的受力性能，有效约束裂缝的发展，在梁（板）的受拉侧粘贴与构件的轴向方向相同的 FRP 的方法。

（2）受剪加固方式。是指采用环包、侧面或 U 形粘贴 FRP 布的方式加固构件，提高梁、柱的受剪性能，改善钢筋混凝土受压柱的延性和耐久性，粘贴的纤维方向与构件轴向垂直。

（3）抗震加固方式。是指采用 FRP 环包方式约束混凝土，改善钢筋混凝土柱的延性和抗震性能，纤维的方向应与柱子轴向垂直。

2.适用范围

FRP 因其高强度、高弹模及良好的抗疲劳性和耐久性，被广泛用于提高钢筋混凝土受压柱的延性、耐久性以及梁、板的抗弯性等桥梁加固工程中，但应用此方法加固时费用较高，黏结胶的耐火性和耐久性比较差，不能用于要求绝缘的场合。

（四）改变结构体系法

改变结构体系法指通过改变结构受力体系类型，达到降低主梁应力、提高结构承载力的加固方法。

1.加固类型

改变结构体系法主要有两种方式：增设支撑法和简支变连续法。增设支撑法包括在简支梁下面增加桥墩或者支架，梁体下增设叠合梁或钢桁架，改小桥为桥涵三种形式。在满足泄洪或通航要求的前提下，增设支撑法需要在桥下设置永久性或临时性结构；而简支变连续法受力体系明确，费用较少，不用受到通航或者净空的限制，被广泛应用于桥梁的加固工程中。

简支变连续法分为预应力和非预应力两种方式。预应力法是指为达到桥梁体系的转换，在相邻梁间的桥墩顶部浇筑湿接头，待混凝土强度达到规定的强度后张拉预应力筋的方法。非预应力法是指在梁体的负弯矩区段布置普通受力钢筋，通过浇筑混凝土将墩顶两侧的梁体结合为一体，此时简支梁转换为连续梁。

2.适用范围

改变结构体系法适用于将简支梁桥通过一定的手段转变为连续梁以达到降低正弯矩的情况。此方法可以避免使用大量的脚手架和机械设备，降低施工成本；将简支梁转变为连续梁后，可减少伸缩缝的设置数量，提高行车舒适度；加固时不需要凿除保护层，结构的损害程度很小；施工过程中对交通影响比较小。此方法被广泛应用于桥梁加固工程。

（五）体外预应力法

我国加固设计规范对体外预应力法做了定义：体外预应力加固是通过增设体外预应力索对既有混凝土梁体主动施加外力，以改善原结构受力情况的加固方法。此方法属于主动加固方式，被认为是目前加固预应力混凝土和钢筋混凝土简支梁桥最有效的方式之一。

1.体外预应力加固体系结构组成

体外预应力加固体系由体外预应力筋及防腐系统、转向装置、锚固系统三部分组成，当体外索的长度超过 10m 时，需要布置定位器。

（1）体外预应力筋及防腐系统

体外预应力筋及防腐系统由预应力索、管道和灌浆材料组成。

传统的体外预应力索由钢绞线组成，分为外表涂层、普通级别和外包 PE 的无黏结钢绞线。钢绞线一般采用低松弛钢绞线，是目前全球应用范围最广的预应力加固材料，近年来鉴于 FRP 良好的耐腐蚀性、耐疲劳性等优点，FPR 正在逐渐代替传统的钢制材料，被广泛应用于桥梁加固工程。

管道有两种形式：一种是在锚固区采用钢管，其他部位采用 HDPE 管道；另一种是管道全部采用钢管。

灌浆材料分为非刚性和刚性灌浆材料两种类型，其中非刚性的为油脂或石蜡材料，刚性的为水泥材料。

（2）转向装置

根据材料转向块大致可以分为 3 类：钢管、HDPE 管或两者的组合。根据预应力束的布置形式，转向装置分为两类：单层套管式（整束式）和双层套管式（分束式）。

（3）锚固系统

体外预应力钢束加固的锚固方法有：夹片式锚固、U 形钢板的锚固、燥接锚固、高强螺栓黏结——摩擦锚固等锚固方式。FRP 作为新兴的体外预应力锚固材料，发展的时间还比较短，对锚具的制作和评定还未形成统一的规定，常用的铺固系统分为纤维类锚固、夹持式锚固、套筒式锚固、栓钉机械锚固。加固示意如图 7-3 所示。

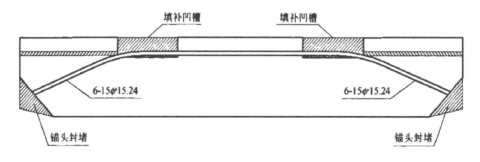

图 7-3 体外预应力加固

2.适用范围

体外预应力加固法能够在不影响交通和不增加桥梁自重的情况下进行施工，但加固施工的设备和工序比较烦琐，并且预应力束与梁体的锚固区往往存在较大的应力。此方法适用于以下几种情况：梁的正截面抗弯承载能力不足或钢筋锈蚀的情况；梁的抗弯刚度过小导致梁体产生裂缝超限的情况；梁的斜载面抗剪承载能力不足的情况。

（六）闭合裂缝

混凝土裂缝分为结构裂缝和非结构裂缝。由于结构的承载力不足而产生的裂缝称为结构裂缝，对桥梁的承载力影响较大。如果由温度、混凝土收缩徐变引起的裂缝称为非结构裂缝，对桥梁承载力的影响较小。

工程中一般采用表面封闭法、低压渗注法和压力灌注法三种方式对构件进行加固。封闭法是指在构件的表面涂抹胶黏剂、水泥砂浆等材料修补表面细小的裂缝；低压渗注法是借助压力装置，将注装材料渗透到裂缝中对结构进行修补；压力灌注法是利用压力将水泥浆或修补胶注入裂缝内，以达到修补填充的目的。

二、加固实施

（一）施工准备

（1）在施工前，应对加固桥梁技术状况进行复查，并将复查结果通知有关单位。在桥梁的加固施工过程中，应加强观测与检查，及时反馈信息指导施工。

（2）材料检验。桥梁加固施工使用的主要材料应具有国家相关管理部门认定的产品性能检测报告和产品合格证，其物理力学性能指标应满足设计要求。桥梁加固用材料的检验应依据国家及行业现行有关标准执行。

（3）机具标定。对桥梁各类试验和检测仪器应进行标定，桥梁加固设备应按要求校验，标定和校验应由经有关主管部门认定的计量机构进行。

（二）施工组织设计

（1）应按照设计文件和技术规范要求编制实施性施工组织设计。

（2）桥梁加固实施性施工组织设计应包括以下内容：编制说明、旧桥概况（含技术状况评定结果）、施工准备及施工总体策划、施工组织机构、加固施工方案、交通组织方案、资金计划、总进度计划及进度图、质量管理和质量保证体系、安全生产、环境保护、职业健康等。

（3）桥梁加固施工前应进行施工技术交底。

（三）施工安全及环境保护

（1）桥梁加固施工必须严格遵守安全操作规程，建立健全安全生产管理制度。

（2）采用化学材料施工时，应符合以下规定：

①配制化学浆液的易燃原料，应密封保存，远离火源。

②配制及使用场地必须通风良好，操作人员防护应符合有关劳动保护要求。

③工作场地严禁吸烟、明火取暖，并配备相关的消防设施。

④施工完成后现场及结构内不应遗留有害化学物质。

（3）桥梁加固施工应严格控制对原结构的损伤。

（4）对处于受力状态下的结构构件进行加固时，若对原结构有削弱，应采取限载或支架支撑措施。所搭设的支架应通过按最不利荷载进行的验算。

（5）桥梁加固施工宜在晴天和白天进行。必须在不良天气或夜间施工时，应有相应的施工保障措施。

（6）桥梁加固施工应采取必要措施保护生态环境。

第八章 预应力混凝土连续梁桥加固技术

第一节 预应力混凝土连续梁桥加固研究现状

一、桥梁加固的意义和必要性

与其他建造物类似，桥梁也有着自己的生命规律，它主要涉及以下三个阶段：建造、使用和老化。随着使用时间的增加，大量建设的公路、铁路桥梁终将会发展为旧桥，都将会出现各种不同的病害和缺陷。由于建设公路桥梁的费用十分庞大，因此人们总是千方百计地利用各种办法保证工程的建设质量。尽管这样，桥梁长期受到大气环境的影响，同时也受到使用环境的影响，随着桥梁使用频率的增加、荷载的作用等，预应力混凝土连续梁桥总会出现各种损坏，这是不可恢复的生命过程。

根据资料显示，在 20 世纪 80 年代之前共修建 136000 余座公路桥梁，其中出现危桥 4823 座，当时设计时所采用荷载较低，并且前期建设的绝大多数桥梁依旧在使用，面对着如此多的旧桥危桥，假设把它们全都拆除重新建设，这样既不合理，也不经济。因此，在这样的背景下，对旧桥梁的养护、改造、加固已经成为目前重要的课题之一。

旧桥加固的意义：

（1）公路旧桥改造、加固是满足桥梁的可持续性发展的需要。可持续发展是当今世界各国普遍追求的发展理念，在资源逐渐匮乏的今天，世界各国大力提倡社会发展的可持续性，当然桥梁建设作为国家重大发展战略内容之一，桥梁建设也需要满足可持续发展的要求。

（2）真正实现安全第一，质量为上。旧桥危桥之所以要对它们进行维修和加固，这类桥梁在一定程度已经满足不了正常使用阶段的要求，其极限承载能力降低，满足不了桥梁的正常服务水平。如果对该类桥梁没有采取有效的措施进行加固和改造，将会严重威胁桥梁的使用寿命，影响桥梁的服务质量。

（3）有助于推进节约型社会的发展。对旧桥进行加固改造可以说这是一项造价低、技术可靠的措施。根据有关资料，通过对旧危桥进行改造加固，不仅可以恢复旧桥的承载能力，满足现代化运输的要求，增加桥梁的使用时间，同时还可以减少因重新建桥和旧桥拆除而增加的实际工程费用。

不论是什么时期建造的桥梁，即使是采用了当时最先进的工艺和科学手段，都摆脱不了的历史局限性。随着社会科学技术的进步，人们对道路的开发和利用提出来新的标准。那么早期建造的桥梁，由于承载能力不能满足要求以及当时的设计水平普遍较低等因素，使得这些桥梁成为阻碍交通运输的障碍，及时提出加固改造，对这些病害桥梁显得十分有意义。如果盲目地推倒旧桥，也就违背社会可持续发展的要求。因此，我们应该对现有的旧桥进行必要的研究和论证，找出合适的旧危桥维修、加固措施，坚持可持续发展观，真正实现桥梁建设的可持续性。

二、加固技术研究现状

在对旧桥加固过程中，实际情况尽管有所不同，但它们之间确实也有共同点。因此，我们应该把握旧桥维修、加固中的一些共同的规律，并结合需要加固旧桥的特点，在工程实际中发挥主观的创造性，在旧桥利用、改造、加固过程中，不断地进行探索，总结出各种可行的办法，使得旧桥结构能够满足原有的使用要求，来保证公路桥梁的正常使用。概括之，旧桥改造、加固手段包括有：增设临时杆件、减轻恒载、改善原结构截面的内力状态、提供新补充的杆件等，提高桥梁能够承担活载的能力。此外，对桥梁下部结构、行车道伸缩缝以及支座，应适当清洁，增加安全设施，改善几何形状，这对延长桥梁结构的使用寿命及提高桥梁的服务水平，起着至关重要的作用。

（一）上部结构常见的加固方法

1.增加配筋和截面加固法

该加固方法是用同一品种的钢筋和混凝土增加桥梁的横断面面积来提高桥梁结构的极限承载能力，改善桥梁的服务水平。这种方法主要适用于梁的刚度、抗裂性等不能满足要求的情况。

2.纤维复合材料加固法

纤维复合材料加固法是二十世纪九十年代初在工程界兴起的一项便捷、高效的桥梁加固新技术，它是将复合材料粘贴在桥梁结构的表面，通过纤维材料与混凝土之间的共同工作，恢复桥梁结构或者构件的工作性能。

3.锚喷混凝土加固法

此方法将新拌混凝土材料借助快速喷射设备均匀的喷撒到已经锚好钢筋网的桥梁结构表面上，待新喷射的混凝土硬化后而形成钢筋混凝土，恢复对钢筋的保护，增强结构的共同工作性能。该方法较多应用于桥梁结构受到轻微损坏的构件中，是目前普遍运用的一种加固方法。

4.粘贴钢板（筋）加固法

粘贴钢板（筋）加固法是利用黏结粘合剂将钢板、型钢等一些加固用材料粘贴在桥梁构件比较薄弱的地方，使他们之间共同承担荷载，从而满足桥梁通行要求的一种加固方法。这种加固方法主要适用于主梁纵向承载能力不足时，导致主梁产生较为严重的垂直于纵向裂缝的情况。这种加固方法施工简便、快速，质量较容易得到控制，且不减少桥梁的净空、不影响结构的外形，加固的费用较低。

5.体外预应力加固法

体外预应力加固法通常在箱梁内或外部，把预应力钢筋分布在桥梁的受拉区，通过张拉预应力钢束对主梁产生预压力，使得梁体上拱从而可以抵消在活载作用下的内力，从而能够恢复桥梁的服务水平。这种加固方法能够在自重提高不大的前提下较大程度地改善桥梁的服务水平，提高桥梁的抗裂性能和增大桥梁的截面刚度。此种方法在大跨连续箱梁桥中应用较多，但是体外预应力钢筋没有得到混凝土的有效保护，极容易遭到破坏，此外在极限状态下，体外预应力结构可能发生事先毫无征兆的脆性破坏。

6.改变结构体系加固法

此种方法主要是通过对旧桥结构进行技术改造或增设附加构件，在改变原桥结构受力体系的前提下，改善桥梁承重结构的截面应力状态。改变结构体系加固的形式主要包括：将简支梁通过辅助措施变成连续梁以及在桥梁纵向上增加支撑等。在原旧桥的支座处将简支梁变连续梁，从而能够改善桥梁的使用水平，提高桥梁抵抗外荷载的能力。增设支点法的原理是通过减少结构的计算跨径而减小最大弯矩值，如在主梁上设加劲梁或叠合梁、主梁下设八字撑，或在主梁下设支座或桥墩。

（二）下部结构常见的加固方法

1.扩大基础加固法

该方法是利用一定的手段将基础扩大，从而增大受力面积，起到加固桥梁下部结构的目的。此方法一般主要适用于桥梁的墩台是刚性实体结构，桥梁基础的承载力不足时。这种加固方法施工工艺简便，但由于要求新老接触面能够良好结合以承担桥梁上部结构传下的载荷，故一般造价较高。

2.钢筋混凝土护套或套箍加固法

这种加固方法主要用于墩台破损严重，有时也会伴随着桥台出现的贯通裂缝，这主要由于施工质量管理不严或者由于基础埋置较浅等。在对这种情况下对桥梁下部结构加固时，一般应该在墩身设置三条围带，参照裂缝出现的情况来确定其宽度及大小。当墩台有大量裂缝出现及表面大面积破损时，此时墩台损害比较严重，这时可以采用该方法进行加固。

3.增补桩基加固法

当桥梁墩台发生大面积的沉陷，导致基础承载能力大幅度的降低，直接影响的桥梁的服务水平和使用寿命，这种情况下可以采用该加固法加固桥梁的下部结构。这种加固方法的缺点是将会对现有的无论水上还是陆上交通运输均有一定影响；优点是它并不需要在水下进行施工操作，而且对桥梁加固效果比较明显。

4.新增辅助挡土墙加固法

这种加固方法主要用于因桥台的台背受到较大的水平土压力，导致桥台倾斜，此时应该采取适当的方法抵消桥台后背产生的水平土压力，可以在桥台的背后面新增设挡土结构，用它来抵抗对桥台产生过大的水平土压力。

上述加固方法与技术各有优点和不足，都已在世界范围内广泛的应用和推广并取得了一定的经济和社会效益，若上述几种桥梁上部结构与下部结构加固法能够混合使用，将会受到意想不到加固效果及经济效益。

相关资料研究表明，在众多传统加固方法中，许多常规的加固方法并不能有效地解决预应力混凝土连续梁桥的梁体开裂和跨中下挠问题。随着公路旧桥危桥数量的逐渐增加，在工程界对旧桥加固理论进行丰富和旧桥加固工艺和实践进行创新也是摆在工程师面前的两大重要使命。进入 21 世纪以来，各工程单位与科研院所也研究出了许多新型的加固方法，例如矮塔斜拉体系加固、缆索体系加固法、桁架组合加固法以及体外预应力加固法等。这些加固方法大部分均是改变结构体系加固法，它们是主动加固方法的一种，与被动加固方法相比，这类主动加固方法能够有效地主动改善结构的内力状态，提高桥梁的服务水平。附加拱式加固方法，它是改变结构体系加固法的一种，属于主动加固方法。与其他常见的加固方法相比，附加拱式加固方法有很多优点，例如结构传力路径明确、对结构损伤小并不损坏原结构、施工方便快捷以及不影响交通等优点。

第二节 预应力混凝土连续梁桥常见的病害及其加固方法

一、概述

由于种种原因，许多预应力混凝土连续梁桥都出现了不同程度得跨中下挠和梁体裂缝超限的现象，而且伴随着桥梁跨径的不断增大，主梁下挠和梁体裂缝的问题表现越为突出，给桥梁结构安全性带来一定的挑战。根据全国知名桥梁学者谢峻的调查显示，预应力混凝土连续梁桥的开裂属于各国共同存在的现象，国内早期建设的预应力混凝土连续梁桥大都出现裂缝的问题，其中重度开裂的桥梁大约占45%、中度开裂的桥梁大约占21%、轻度开裂的桥梁大约占34%。桥梁的跨中下挠、梁体开裂所引起的安全问题一直是困扰预应力混凝土连续梁桥的常见问题。

二、预应力混凝土连续梁桥病害——裂缝

裂缝是混凝土构件中常见的病害，混凝土是一种结构中广泛使用的人造石料，它是用水泥、掺合料、外加剂与水混合配制成胶结材料并与砂石搅拌在一起形成一种人造的复合材料，且其具有抗压强度高、抗拉强度低的特点，混凝土构件在约 $100\mu\varepsilon$ 的拉应变的作用下就会开裂。

裂缝属于材料强度方面研究的内容，通常在固体材料当中出现的各种不能够连续的现象。桥梁结构裂缝出现的原因十分复杂，并不是某些单一因素引起的结果。一般来说，裂缝的产生与不断恶化发展是由多种因素相互耦合共同造成的。我们通常将裂缝分为微观裂缝和宏观裂缝，微观裂缝

可以通过构造理论进行阐释。微观裂缝属于材料自身所具有的物理特性，且其对强度、泊松比和刚度等都会产生影响。根据有关资料显示，在混凝土试件受压时，当荷载低于在30%混凝土极限抗压强度时，裂缝没有变化；当施加荷载为极限强度的30%至70%时，裂缝开始发展且范围逐渐扩大；当荷载为极限抗压强度的70%至90%时，微裂明显增多并快速增长，当各个微观裂缝相互连通便出现了宏观裂缝，并且随着宏观裂缝的不断发展最终将会导致结构损毁。"微观裂缝"的宽度一般不大于0.05mm且并不能用肉眼观察到，而"宏观裂缝"通常指裂缝宽度超过0.05mm的裂缝。关于裂缝分析理论，国内外学者主要提出以下几种：钢筋粘结滑移理论、无滑移理论、综合理论等。混凝土内粘结裂缝和砂浆裂缝都属于微观裂缝范畴。结构在受力以后，微观裂缝会渐渐与相邻的裂缝连在一起并不断扩展，最后出现了宏观裂缝；在荷载的持续作用下裂缝将会继续发展，最后将使结构失去承载能力。从工程实际应用角度研究的主要为宏观裂缝，宏观裂缝会降低混凝土强度，并影响混凝土结构的使用性与耐久性，危及结构使用安全。

（一）预应力混凝土连续梁桥裂缝的分类

裂缝分类的方法有很多，就其对结构的影响来讲就有"无害裂缝"和"有害裂缝"之分。对结构的使用性、耐久性或安全性有关的裂缝统称为"有害裂缝"。大多数情况下，在混凝土结构中产生的裂缝对结构的安全性能一般没有较大的关系，这时一般只是影响结构的外观的裂缝统称为"无害裂缝"。箱梁出现的裂缝按照它们出现的原因进行分类，主要有干缩裂缝、温度裂缝、冻胀裂缝等。实际上可将上述裂缝分为三大类：荷载裂缝、变形裂缝与其他裂缝。

1.荷载裂缝

由建设过程中自重、二期等静力荷载及运营阶段的车辆等活荷载作用下所导致的裂缝。

（1）弯曲裂缝

对压弯构件及受弯构件来讲，混凝土的极限抗拉强度不足以抵抗混凝土的拉应力时，将产生拉裂的弯曲裂缝，这种裂缝通常出现在各类梁体正弯矩区且贯通底面，严重时将向上扩展到中性轴，甚至是翼缘板底部。然而在负弯矩区，这种裂缝产生的条数较少。如果大桥采用悬臂施工的方法，常常在箱梁的接缝处或者接缝内部出现这种裂缝，其底板裂缝可能达到0.1mm~0.2mm。当裂缝一直延伸并扩展到顶板时，将变成细小的微裂缝。

（2）剪切裂缝

这种裂缝一般出现在腹板上，且其开展方向一般与主梁的纵轴线呈25°～45°的夹角，当荷载继续增加时，裂缝将不断地向受压区混凝土延伸，裂缝所在的面积也慢慢由根部或端部沿跨中继续延伸（图8-1）。

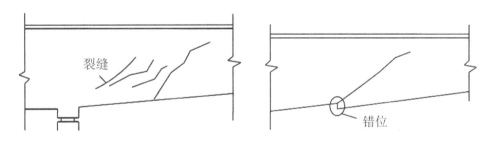

图8-1 剪切裂缝

在支座至 1/8～1/4 跨径区段，剪切应力将与弯曲应力相互累加，在竖向出现初始开裂后，腹板中的斜裂缝不断向上扩展（图8-2）。

213

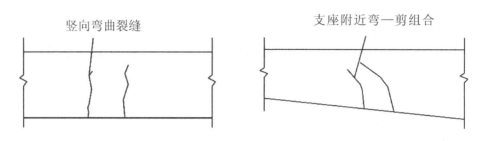

竖向弯曲裂缝　　　　　　　支座附近弯—剪组合

图8-2 弯-剪组合裂缝

（3）锚固处及其附近的裂缝

通常在锚固齿板附近的底板处会出现这种裂缝，并且与梁轴线呈30°～40°夹角，不断地向腹板根部延伸。如果将齿板设置在节段的接缝处的附近，这将导致在接缝内产生裂缝。在一些特定的场合下，底板中的裂缝将继续延伸到腹板上，并与梁轴线成30°～40°的夹角，最终由底板中预应力锚固引起的腹板斜裂缝与顶板中预应力锚固引起的这种裂缝将会连通在一起。

（4）底部预应力筋引起的裂缝

这种由底板上预应力钢束的曲率所产生的裂缝一般出现在底板与腹板衔接处以及底板中，也会出现在腹板中（图8-3）。一般出现的这种裂缝主要是由于底板中预应力钢筋的曲率过大引起的，由于预应力钢筋的曲率比较大将会导致底板中出现过大的拉应力所导致，当拉应力超过混凝土的抗拉强度时，就会导致这种裂缝。

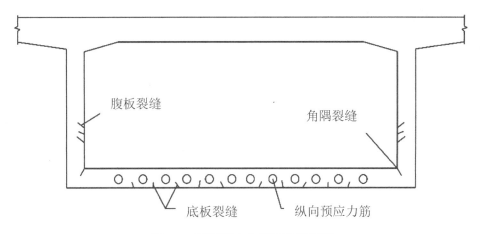

图 8-3 底板预应力筋引起的裂缝

（5）预应力钢筋不顺直导致的剥落或裂缝

箱梁节段接缝处的纵向管道，由于施工误差，导致管道在每一接缝处有折角或尖弯点，除增加预应力摩阻损失外，还会在底板底面产生裂缝，甚至会出现局部混凝土崩碎和剥裂的隐患。这主要由于钢筋不顺直，当给预应力钢筋施加预应力时，将会增大预应力钢束与孔道壁的摩擦，当因摩擦产生的拉应力超过混凝土的极限抗拉强度将会产生该类裂缝。

2.变形裂缝

由于外界大气环境的变化以及地基沉降所导致的裂缝称为变形裂缝。当桥梁结构出现变形裂缝时，首先需要桥梁产生变形，其次当变形不能得到有效的释放便出现附加应力，当产生的附加应力超过混凝土的极限抗拉强度后，混凝土结构将出现大量的变形裂缝。变形裂缝主要包括以下几种：

（1）温度裂缝

温度裂缝包括由混凝土内外温差过大或混凝土表面急剧降温引起的内约束裂缝和大面积混凝土释放的水化热使混凝土内部升温高、升温快，使得混凝土内部、外部温差较大，超过了桥梁设计规范的所要求限值时，将会出现混凝土的抗拉强度不足以抵抗因内外温差而产生的变形，而出现的外约束裂缝。

通常在厚腹板的预应力箱梁中，薄的腹板冷却得快，要比底板收缩得快，导致腹板受到约束而出现裂缝。反之薄底板也会在底板中首先出现裂缝（图8-4）。当冷却得快的部分将会拉着冷却得慢的部分，冷却得慢的部分将会限制冷却快的部分，这时产生的拉应力超过规范规定的限值时，将会产生这种裂缝。

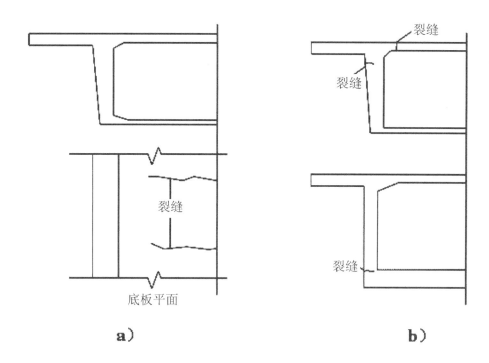

图 8-4 温度收缩裂缝

（2）干缩裂缝

混凝土硬化时若水分流失的迅速，但混凝土内部湿度变化小，随着温度不断降低其结构表面出现的体积收缩而引起的裂缝就是干缩裂缝。干缩裂缝呈纵横交错状，很多是只存在表面性的较浅较细裂缝。

（3）塑态收缩裂缝

在新浇筑混凝土表面残余水分挥发迅速高于泌水补充时，混凝土就会收缩，由于干燥表层受内部混凝土约束限制，使逐渐硬化成塑状混凝土开始产生拉应力，如果混凝土的抗拉极限不足以抵抗产生的拉应力时，将会在结构的表面出现细小的裂缝。

（4）塑态沉陷裂缝

在初始浇筑和修整后，混凝土仍然有继续固结的趋势。在此期间，塑态混凝土受到钢筋、先前浇筑混凝土或模板等局部约束，可能在靠近约束处形成空隙或裂缝。沉陷开裂的程度可能由于振捣不充分或使用柔性较大的模板而增加。

3.其他裂缝

（1）沿钢筋的纵向裂缝

这种裂缝一般是混凝土结构发生破坏的前奏，最终将会因体积膨胀过大导致钢筋保护层全部剥落。产生这种纵向裂缝的另一原因是混凝土与钢筋之间黏结应力大引起的，如果他们之间的粘结应力很大将会在混凝土中出现拉应力，拉应力若超过规定限值时，也会出现沿钢筋的纵向裂缝。

（2）施工裂缝

箱梁从制作到最后拼装使用的过程中，若质量把控不严、工艺使用不当，很容易出现各种各样的裂缝，一般是在箱梁结构中箱壁较薄时比较容易出现这种施工裂缝。

（二）裂缝的常见修补方法

根据裂缝出现的不同原因，我们将采用不一样的修补方法。大跨度预应力混凝土连续梁桥结构裂缝的修补的主要目的是保持和恢复桥梁结构的正常使用要求及改善桥梁的服务水平，并在一定程度上恢复桥梁的整体性。常见的修补方法主要有：

1.表面封闭修补法

（1）填缝

填缝修补是用水泥砂浆将裂缝填补起来的一种简单可行且很容易实现的修补方法。在进行填缝修补时，首先将裂缝处理干净，按照桥梁结构产生裂缝的宽度不一样，通常采用不同的清理工具对进行裂缝处理，所采用的灰浆为1：2.5或1：3水泥砂浆，一般使用的水泥泥浆的强度应高于旧桥建设时所采用灰浆的强度。

（2）表面抹灰

表面抹灰通常指在有裂缝的桥梁结构的表面上涂抹水泥砂浆、环氧砂浆等修补材料对裂缝进行修补处理的一种方法。表面抹灰修补裂缝主要包括水泥砂浆涂抹和改性环氧砂浆涂抹两种。

（3）凿槽嵌补

凿槽嵌补是在裂缝的表面处挖一条深深的沟槽，通常在沟内添加各种黏结材料进行修补方法。进行修补时应沿裂缝进行挖槽，槽形的大小可根据裂缝出现的位置确定。

（4）表面喷浆

喷浆修补是首先对裂缝处的混凝土表面进行凿毛处理，高压喷射高强紧密的水泥砂浆对裂缝进行缝补的一种方法。表面喷浆时通常采用挂网喷浆、无筋素喷浆，这主要依据裂缝的性质、部位和修理条件而确定。

在进行喷浆修补以前，要对喷浆的结构物表层的混凝土表面进行适当处理，应及时填塞有缺陷的地方。在进行裂缝修补处理以前还要把裂缝底层湿润一下，一般先用清水清洗裂缝的表面，然后再进行喷浆。

2.压力灌浆修补法

压力灌浆修补法是将某种浆液通过压力灌入结构物中裂缝当中，最终实现修补裂缝的目的，并在一定的程度上改善桥梁的服务水平并增强桥梁结构的耐久性的一种加固修补方法。这种加固法适用于结构中存在对空隙进行处理场合或裂缝多且深入结构内部。

常见的压力灌注法主要包括压力灌注法和自动低压渗注法两种。

常见的压力灌注修补法主要包括：

（1）水泥灌浆。

（2）化学灌浆。

化学灌浆与水泥灌浆修补裂缝的施工流程大致一样，但在其在详细的做法上有些区别，其工艺流程如图 8-8 所示。

3.表面粘贴修补法

表面粘贴法是指用胶结材料将抗拉强度高的材料粘贴在结构混凝土裂缝部位的表面上，既可以提高结构的抗剪、抗弯能力，又可以起到修补裂缝表面的目的。常见的粘贴修补法主要包括：钢板粘贴、FRP 粘贴等。

（1）钢板粘贴

此法是将整个钢板用胶粘材料将其粘贴涂敷结构物裂缝的表面从而进行加固的一种方法，其施工顺序如下（图 8-5 所示）：

图 8-5 粘贴钢板修补裂缝施工顺序图

（2）纤维复合材料加固法

①纤维复合材料加固特点

纤维复合材料加固桥梁是 20 世纪 80 年代末在欧美发达国家率先兴起来的一种桥梁结构加固新技术。它主要是利用胶粘材料将 FRP 材料粘贴在混凝土裂缝的表面上，构成了一种新型的组合结构，与混凝土结构的共同受力，起到裂缝修补的作用。

粘贴纤维复合材料加固法拥有施工简便、加固材料轻质高强等优点，可用于抗弯、抗压、抗剪等各种形式的构件加固。

②纤维复合材料加固法的施工顺序

粘贴纤维材料加固的一般工艺流程如图 8-6 所示。

图 8-6 粘贴纤维材料的工艺流程

4.打箍加固封闭法

当钢筋混凝土梁产生主拉应力超过梁体所允许的极限主拉应力时，此时在结构的表面将会出现裂缝，此时在裂缝处可采用加箍使裂缝封闭的方法。梁与箍的接触面可垫钢板或角钢，其构造如图 8-7 所示。

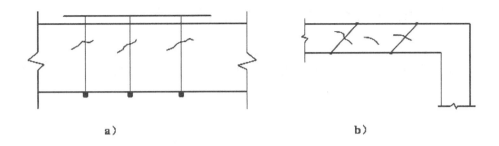

图 8-7 打箍加固封闭裂缝示意

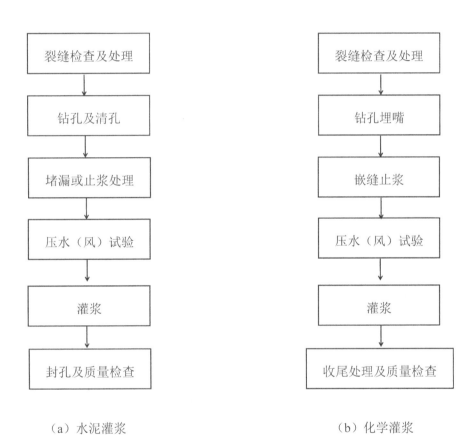

（a）水泥灌浆　　　　　　　　　　　　（b）化学灌浆

图 8-8 水泥灌浆及化学灌浆工艺流程图

三、预应力混凝土连续梁桥的病害——下挠

截至当前，跨中下挠问题是影响我国的大跨度连续梁桥的一大主要病害。随着我国大跨径梁桥跨度的不断增加，桥梁的后期下挠的病害就表现得越明显。此处所研究的跨中下挠问题主要是成桥以后的主桥挠度的增加，导致跨中下挠的原因有很多，此处列举部分原因。

（一）预应力混凝土连续梁桥下挠的原因

随着桥梁使用时间的推移，大跨预应力混凝土连续梁桥产生了严重的后期跨中下挠问题，甚至某些桥梁的跨中下挠问题已经严重影响到桥梁正常使用功能。所谓桥梁后期下挠是在桥梁建成后使用过程中产生的下挠问题，如果桥梁的下挠过大将会影响到桥梁的正常使用。

影响下挠的因素主要有混凝土收缩徐变、预应力钢束的有效性、梁体刚度的时效性等。跨中主梁下挠产生的原因可以归纳总结为：

（1）混凝土开裂宽度超过规范规定的容许限值，截面位置发生了较大的变化，截面刚度削弱较大。

（2）对于预应力混凝土结构当预应力出现损失时，将会导致施加在预应力钢束上的有效预应力降低，当施加荷载时预应力由于损失过多产生上拱不足以抵抗荷载产生的向下变形，将会出现下挠的现象。

（3）梁体的刚度降低将会增长桥跨结构的后期持续下挠。

（4）上述三种原因使得梁体的内力发生了重分布，因徐变产生的梁体变形增加。

（5）在桥梁的运营期间，超载问题使得梁体的工作状态超出设计工作状态。

（二）箱梁下挠的常见处理措施

1.体外预应力的加固方法

体外预应力加固技术主要用于在正常使用极限状态下梁式桥的抗弯及抗剪不满足要求的情况，通过对旧桥箱梁内添加预应力钢筋，并张拉预应力钢筋，使裂缝的数量减少，并抑制梁体持续性下挠，改善桥梁结构的服务水平。由于体外预应力钢筋与原桥跨结构混凝土之间并没有可靠地黏结，桥跨结构开裂后预应力束的应力增加不大。因此，体外预应力加固技术对改善与恢复跨中下挠并没有特别大的帮助，只是对小跨径梁桥起到一定的修复作用。体外预应力加固流程如图 8-9 所示。

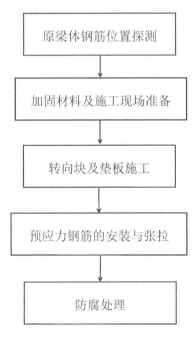

图 8-9 体外预应力加固流程

2.截断跨中加固法

通过对大量的资料研究，体外预应力加固方法并不一定能够在很大程度上抑制主梁跨中持续下挠。石雪飞等人提出了一种以钢箱梁来替代主梁跨中梁段的加固方案，这种方案主要通过截断病害严重的梁段，用钢箱梁替代被截出的梁段而进行合拢。该加固方案的原理是为了减少部分恒载下的主梁挠度，这是因为原结构混凝土箱梁的自重大于替换过后钢箱梁的自重；在替换钢箱梁合拢后并在钢箱梁上重新进行桥面铺装，这样可以减少原桥跨结构因为铺装自重而对桥跨结构产生的影响，从而可以缓解主梁进一步下挠，阻止桥跨结构出现的持续下挠。截断跨中加固法的施工顺序：

（1）首先确定病害梁段的节段区间。

（2）其次安装边跨临时支架，目的是当中跨被截开时来确保桥梁边跨的受力的安全与稳定。

（3）运用分层、分段加固施工工艺，截断病害严重桥梁跨中梁段。

（4）现浇钢箱梁与悬臂端混凝土梁结合段，并配置足够的普通钢筋保证可靠的连接及足够的强度。

（5）当混凝土达到设计所要求的强度后，通过采取适当的方法调整桥梁结构的内力，并安装合拢段的钢箱梁；最后通过采取措施改善和调整合龙后主梁结构的受力，最后拆除两侧的临时支架。

第三节 附加拱式体系加固的理论及构造

一、概述

大跨度预应力混凝土连续梁桥主要病害包括梁体开裂和跨中下挠。目前解决梁体开裂的方法主要包括裂缝修补、粘贴碳纤维复合材料、外包钢板等加固技术，而解决主梁跨中下挠的问题并不能像传统上修补裂缝那样对主梁结构进行适当补强。目前解决主梁跨中下挠问题常见的加固方法主要有体外预应力加固法、波纹钢腹板加固法、改变结构体系加固法、截断跨中加固法等，而传统的解决跨中下挠的加固方法对解决跨中下挠问题，改善结构内力状态都是有限的，并不能有效地解决桥梁运营期跨中持续下挠的问题。

二、附加拱式加固方法的基本原理

改变结构体系的加固方法是利用某种技术或手段使原结构的受力体系发生改变，改善主梁各截面的应力，改善桥梁结构的后期服务水平，延长桥梁使用时间，增加经济效益。在桥梁加固过程中，经常使用的改变结构体系法主要有：简支变连续、减小跨径法、拱—斜拉组合体系、梁变矮塔斜拉体系、带挂梁刚构改变为连续刚构等。

对于一般的梁式桥梁，若原桥的承载能力损失较多，跨中挠度持续下挠过大而原桥的墩台地基又有富裕的承载力时，可以将拱式体系加入到梁式体系中从而形成梁拱组合加固法。梁拱组合体系加固方法作为改变结构体系加固方法的一种，它是采用附加拱肋的技术措施来改变原桥梁结构的受力，改善主梁各截面应力状态，恢复桥梁的美观和使用功能的要求，延长桥梁的服务年限，从而起到加固的目的。

从新桥的建设和设计的角度来看，梁拱组结构体系作为力学和外在美观的典型的结合。其令人赏心悦目的外观，能够很好地满足人的审美要求并融入当地的环境。由于梁拱组合结构不仅能够满足使用要求，更能体现桥梁结构的外在美，因此，广大的设计师很喜欢拱这种结构形式。近年来，随着加固工程的日益增多，许多工程单位不断地开拓新技术和新方法，人们渐渐地发现了梁拱组合体系加固法。

梁拱组合加固体系常见结构形式主要有两种，即附加拱肋分别在桥梁上部结构的上面和下面。

（一）附加拱式在桥跨结构上部

附加拱肋在桥跨结构上部的加固方法是通过附加结构主动减少原有结构的内力值与挠度值的一种加固方法，它对结构不会产生多余的内力，能够有效解决大跨度预应力混凝土连续梁桥出现梁体裂缝和跨中下挠的问题。该加固方法通过在箱梁的两侧重新架设两个拱肋，并在拱肋上安装一定数量的吊杆，将吊杆与主梁相连接，并通过张拉吊杆给结构施加一个向上的提升力，同时也可以在两侧的拱角处张拉系杆，使整个加固体系形成柔拱刚梁体系，即内部超静定外部静定结构体系，即使基础再次发生不均匀沉降时，结构内部也不会产生附加内力，在设计的过程中假设吊杆和系杆都是柔性结构一般仅承受轴向拉力。主梁两侧重新架设的钢箱拱与全桥形成共同的变形。

（二）附加拱式在桥跨结构下部

在桥跨结构的下部增设附加拱肋这一加固方法主要是通过在主梁的下部新加拱圈，拱桥支撑在原桥墩结构的根部，而在拱肋上新增加立柱，原主梁结构部分支撑在主梁上。这种加固方法类似于新建的上承式拱桥，原旧桥结构在受到荷载作用时，一部分内力通过支座传递到桥墩上，而其他的内力则通过新增立柱传递到拱肋上，可以在一定程度上恢复原旧桥结构的承载能力。它适用于主梁的极限承载力严重不足且地基基础有较多富裕承载力。

226

三、附加拱式体系加固的构造

附加拱式体系主要有主拱肋、吊杆、钢托梁、横撑等几部分构成，其中吊杆、拱肋、系杆组成无推力的柔拱体系。

（一）加固材料的选取的一般原则根据

2008 年《公路桥梁加固施工技术规范》规定，加固用材料选用原则：

（1）桥梁加固用材料应能够满足国家相关部门所颁布法规的规定，在设计上都应符合设计要求。

（2）对桥梁采用加固时若采用纤维复合材料时，这种复合纤维材料应采用与之相配套的防护材料。

（3）桥梁加固施工所采用的新材料要经过有关部门的鉴定合格后方可使用。

（二）加固需要的材料的设计与选取

1.主拱圈材料的设计与选取

从加固的角度来看，拱圈一般制作方便简单。拱肋是附加拱式结构的最主要受力与传力构件，一般其多做成竖直式。附加拱式体系的主拱圈一般采用等截面的钢箱，钢箱通常有底板、顶板、腹板、加劲肋、横隔板组成。

2.吊杆的设计与材料选取

根据吊杆刚度不一样，通常将梁拱组合体系的吊杆分为柔性吊杆和刚性吊杆。附加拱式体系加固方法中的吊杆只是在拱肋安装完成之后预先张拉吊杆使得主梁结构在正常使用极限状态下满足规范的要求，并且在荷载作用下把主梁所承担的活载部分作用传给拱肋，使拱肋和主梁协调全桥的统一变形。因此，在这种梁拱组合加固中吊杆一般仅承担拉力，故称它们为柔性吊杆。一般采用粗钢筋或者钢绞线制作成吊杆。

3.系杆的设计与材料选取

系杆作为附加拱式结构体系的重要受力构件，它起着十分重要的作用。它平衡了拱脚出现的水平推力，使得整个拱脚处，只承受着竖向的力。通常采用预应力钢绞线制作成张拉的系杆。

4.钢横梁的设计与材料选取

钢托梁作为重要的传力构件，它连接着主梁和吊杆，将吊杆的张拉力通过钢横梁传递给主梁，并给主梁预先施加一个向上的提升力；在正常使用过程中，将主梁承受的部分荷载由吊杆传给拱肋。因此，钢横梁的设计对旧桥加固成败起到关键的作用。

钢托梁一般采用几片贝雷梁组合在一起，形成一个强度和刚度都比较大的钢结构。

5.横撑的设计与材料选取

对于附加拱式体系来说，合理的布置横向结构对于主拱圈的横向稳定起着关键作用。加强拱肋横向稳定的横撑也有很多构造形式，比较多的是K撑、单根构件制成的横向风撑及桁架体系制作的钢结构。

由于横向支撑对两个主拱肋的横向稳定起着至关重要的作用，因此在横向支撑的设计上要满足有关规定，以确保拱圈的稳定性。本拱圈加固设计中采用三个单根构件横撑，分别和两个主拱圈进行焊接。

6.钢托架的设计与材料选取

在本加固设计当中为了支撑由于拱脚产生的竖向支反力，主要参照以前加固设计的方法，在每个主墩的两侧上安装钢托架结构，并在钢托架上安装支座用于承受由于拱脚产生的竖向支反力。因此钢托架在本次设计中也十分重要。

7.零号块材料的设计与选取

作为拱脚的重要支撑点，传递着拱脚产生的竖向反力和弯矩，在加固设计中作为本次加固设计的难点和重点。延长的零号块作为悬臂结构承受很大的弯矩，因此合理配置普通钢筋的数量和截面的尺寸是设计中的一个难点。

四、附加拱式加固方法的有限元理论

（一）模型软件

Midas Civil 是一款常用的有限元计算软件，可应用于桥梁结构、大坝、地下建筑、机场等结构的设计与分析。Midas Civil 主要对于桥梁结构，结合用户的习惯和各种规范，对于结构建模、分析、后处理等方面提供了许多功能，并广泛地应用到公路、水利、市政等工程领域。

本软件还可以根据规范在后处理中模式中，自动组合各种荷载工况，同时也可修改或添加荷载工况。该软件提供动力和静力分析的动画文件功能；根据移动荷载捕捉器，可以查出任一截面处的最大位移和内力及其位置。

（二）旧桥建模的主要影响因素

新建桥梁模拟计算与旧桥的模拟计算最大的区别在于：新建桥梁的设计是根据设计人员对结构、材料的选择进行计算模拟的，而旧桥建模计算是在现有结构情况基础上、对已有结构进行模拟的。旧桥建模的影响因素有以下：

1.构件尺寸与布置

在实际的工程当中,经常会遇到一些结构的布置情况和实际尺寸与图纸并不相符,也有梁体边中梁和原设计不一致的情况。在使用过程当中也有一些桥梁的主体结构或人行道、防撞栏等附属措施布置的情况发生了变化。因此,在旧桥模型建立的过程当中,一定要根据现场的情况进行模拟。

2.材料

钢筋、混凝土、钢板是桥梁结构中常见的材料,混凝土的强度随着时间的延长而发生变化,而在不发生疲劳和锈蚀的条件下,钢板、钢筋的强度的差异性随着时间的变化都比较小。由自然环境引起的桥梁结构的破坏主要有:氯离子的侵蚀;混凝土的碳化;碱—骨料反应;冻融循环破坏;钢筋锈蚀。

3.边界条件

对旧桥计算模型的影响最大的因素是边界条件变化。在长期的使用过程当中支座变形、老化,导致了支座的可变形能力与原设计预想变形不一致;又或者由于施工过程当中混凝土的跑浆造成简支梁支座附近被水泥浆包裹,从而造成原先单向受限的支座变成了多向受限或者固结;又或者由于外物堵塞、支座位移、施工精度不够,从而导致梁体受力变形并且与原设计不相符。在实际的工程当中,许多因素都会引起结构的边界条件的变化,从而影响建模精度的变化。

4.加载位置

对于静载试验来说,加载车布置位置对量测的梁体受力影响程度是最大的、也是最直接的。尽管进行现场试验的时候,也是尽量按照原来计算模型的位置进行加载，但是现场的情况有时候限制了静载车辆的放置，那么就要求后期根据实际试验车的位置进行调整计算模型。

5.加载重量

加载的质量是很影响桥梁计算结果的，这个质量除了静载车辆的实际质量外，还包括桥梁的其他附属设施、后加的其他的负重等，这些尽管对静载试验结果没有直接的影响，但是对桥梁的动载结果、桥梁的承载能力都有一定的影响，因此依据据现场的情况进行模拟十分重要。

（三）旧桥建模考虑的荷载以及控制截面的选择

准确找到所要考虑的荷载类型，对模型的分析十分重要。由于建立旧桥的有限元模型的目的是对旧桥加固设计提供理论支持，并且加固计算模型主要考虑成桥后的内力状况。所以在建立旧桥模型时需要考虑的荷载类型主要为：移动荷载和静力荷载。其中静力荷载主要有梁体自重、二期恒载、收缩徐变影响力、预应力荷载和温度荷载。移动荷载按照规范规定，用有限元软件的相关功能自行输入。为了较为准确地对模型的受力信息进行整理和收集，选择适当的研究截面至关重要。在桥梁加固设计当中，要找出旧桥结构的控制截面以及控制截面的内力，作为加固设计的依据，因此在进行旧桥加固时，必须选择合理的控制截面。

五、附加拱式加固法的施工工艺

根据桥梁加固施工规范的相关规定，通过增加构件变原结构为组合结构，其质量检验与验收的总体要求：

（1）桥梁加固用材料性能，应符合国家质量检测部门的规定并符合设计要求。

（2）新增混凝土原位检测可采用超声——回弹综合法、钻芯法等。

（一）附加拱式加固法的施工顺序

附加拱式加固法施工流程如下所示：

（1）首先在桥墩上植筋并预埋安装钢托架所需要的钢构件，采用螺栓并结合着焊接技术安装钢托架。

（2）在零号块的两侧植筋，支模板并浇筑加长的部分。

（3）选择工厂制作钢箱拱，并将经质量检查合格的钢箱拱运输到桥上，在桥上进行临时连接各钢箱拱，最后及时调整钢箱拱的标高。

（4）浇筑拱脚混凝土，使拱脚与零号块预埋的钢板进行连接，最后使拱脚固结。

（5）将各钢箱拱段进行焊接，并解除临时性的连接装置。

（6）安装吊杆和钢托梁，并将吊杆和钢托梁进行连接。

（7）根据张拉控制值在拱箱内张拉单端吊杆，并在结束后将拱圈及时做封闭处理。

（8）在拱脚处张拉系杆并减小以及与平衡有拱肋传给拱脚的推力，系杆张拉结束后进行及时锚固。

（9）更换维护栏杆，完成全桥的加固施工。

（二）附加拱式加固法施工关键工艺

1.钻孔放样

首先，在需要加固的旧桥上进行放样并钻孔，不能根据设计图纸放样，而应以工厂生产的实际钢板的尺寸进行钻孔放样。

2.拱圈安装

主拱圈可以采用预先在桥面上搭设支架，采用逐段施工安装的方法，一般拱圈节段质量不大，吊装设备尽量方便、简单。按照图纸要求，本加固方法中采用的附加主拱圈应在桥面上预先搭设支架逐段施工，在主拱圈位置调节完毕之前，各拱段之间应进行临时连接，待标高调节结束后，再进行各拱段之间的焊接以及拱脚与延长的零号块固结，在具体的施工过程中，一般在拱段间拱箱壁采用焊接及纵向加劲肋也利用焊接技术。钢拱箱应在工厂预先制定好，钢箱的组成步骤是：底板→腹板→横隔板→顶板。

3.拱圈支架方案

拱圈施工能否成败因素关键在于预设的支架方案设计能否成功。若采用落地支架施工，由于支架高度较高，对于基础和支架的稳定性都有较高的要求。因此利用现有的桥梁，并在桥面上搭设支架，并确保桥梁加固施工过程中并不影响桥面交通。一般做法如下：

在每个拱肋分段结合处，利用钢管节点支架进行搭设，从桥面上在竖直方向安装4根壁厚合适的直缝焊接钢管，由它们拼装成"口"形钢结构支撑，钢管支撑架竖直方向每隔一定距离将钢管横向焊接并作为钢管支撑架的横撑。同时上下杆之间采用斜杆加强连接，横桥向两个竖直钢架之间采用贝雷梁连成一体，在连续梁桥面上放置一定数量的钢板，将钢板与桥面板用螺栓进行连接，并将钢板与钢支架进行焊接。安装钢箱梁之后，钢箱梁与贝雷梁顶部之间可以用顶撑来调整钢箱梁的高度，然后依次逐段安装。

4.系杆张拉

为减小以至于平衡由主拱圈传递下来的推力，在拱箱两端拱脚处可以分为两次张拉系杆。一般在拱圈成功合拢后，进行第一次张拉系杆，当进行吊杆力张拉完成后，进行第二次系杆张拉。

5.吊杆张拉

按照设计图纸规定当拱圈成功合拢后并进行第一次张拉系杆后，便可以进行吊杆的张拉。一般在钢托梁安装完成后即可进行吊杆的张拉。

六、附加拱式体系加固与其他加固方法对比

附加拱式体系加固方法也称梁拱组合体系加固法，属于改变结构体系加固法的一种，是主动得改变桥梁结构受力体系，从而改善结构截面内力状态，达到减小桥梁结构的跨中挠度和截面的最大内力为目的，与传统的加固方法所不同的是，它属于主动加固方法的一种。

常见的改变结构体系加固法主要有：

（1）在桥孔内加设桥墩支点。

（2）将简支梁或连续梁转换为撑架桥体。

（3）加劲梁或叠合梁加固法。

（4）斜拉加固法。

（5）改桥为涵洞加固法。

（6）将多跨简支梁连接改变为连续梁体系。

（7）梁拱组合加固法。

（一）叠合梁或加劲梁加固法

在目前旧桥的维修加固中，叠合梁或加劲梁加固法也是一种经常使用的并且很有效的方法，能较大程度得提高桥梁结构的承载能力。根据具体加固工程情况，对这种加固方法的断面形式的选择也比较广泛。采用叠合梁或者加劲梁对旧桥结构进行加固时，必须在进行加固前确定其受力状态，进行合理的模拟，从而得到旧桥结构的真实状态，对其作为旧桥加固的依据。

综合以上所述，叠合梁加固法与附加拱式体系加固方法，虽然都属于改变结构体系加固方法的一种，但他们在构造形式和结构计算模式上还是存在着不同。

（二）改桥为涵洞的加固法

在排洪及通行能力均满足正常要求时，对于跨径较小的桥梁结构，可以把它们变为涵洞而对旧桥进行了加固。

与附加拱式加固方法相比，这种加固方法主要用于较小跨径的桥梁，而附加拱式加固方法可以运用于较大跨径的预应力混凝土连续梁桥当中。

（三）连续体系加固法

这种加固方法采取一定的措施将几跨简支梁转换为连续的受力体系，目的是恢复结构的极限承载能力并改善桥梁结构的服务水平。这种加固方法必须充分考虑原桥的地基条件，防止由于地基的沉降而产生不利的影响，其主要使用于原简支梁桥的极限抗弯承载能力损失较多的情况。

（四）斜拉体系加固法

从受力上来讲，斜拉体系加固法也是改变结构体系加固法其中的一种，是主动彻底得改善原有桥梁的截面内力状态，从而有效地减小了桥梁结构的内力值，能够较大程度地恢复旧桥的承载能力，减缓跨中的持续下挠。

与斜拉体系加固方法相比，附加拱式加固法从受力上来讲，受力简明，不用较为复杂计算分析；在构造上，比较简单，施工上方便；还有经济、安全等优点，同时从外观上来看，它造型美观，像是新建立了一座拱桥，增加风景和美观。

（五）体外预应力加固法

采用体外预应力对大跨预应力混凝土连续梁桥进行补强加固时，它的做法是一般在桥梁上部结构的下缘处设置一定的预应力钢丝束或者用粗钢筋做成预应力拉杆，由预应力钢束或者拉杆使梁体发生向上变形，荷载产生的挠度减少，起到恢复桥梁结构极限承载能力的目的。

这种加固方法施工工艺简便、设备简单、经济效益突出，它主要用于梁体斜截面的抗剪承载能力损失较多的情况以及正截面出现受拉区钢筋的严重锈蚀及抗弯承载能力不足的情况。但是这种方法与附加拱式加固方法相比，其提高或恢复桥梁的承载能力是有限的，并且有关资料显示体外预应力加固法并未能阻止桥梁进一步的下挠。

参考文献

[1].道路桥梁维修技术手册[J].岩土力学，2015,36（10）：2945.

[2]《中国公路学报》编辑部.中国桥梁工程学术研究综述·2021[J].中国公路学报,2021,34（02）：1-97.

[3]鲍卫国.桥梁的检测与维修加固研究[D].天津：河北工业大学,2000.

[4]卞永明,刘广军著.桥梁结构现代施工技术[M].上海：上海科学技术出版社.2017.

[5]曹少飞.桥梁结构试验检测应变和挠度测量新方法研究[D].西安：长安大学,2007.

[6]达明.桥梁加固技术的研究与应用[D].西安：长安大学,2016.

[7]单炜,张宏祥,李玉顺编著.公路桥梁检测技术[M].哈尔滨：东北林业大学出版社.2005.

[8]范剑锋.桥梁健康状态的智能评估方法研究[D].武汉：武汉理工大学,2006.

[9]冯海龙.在役预应力混凝土空心板梁桥病害处置对策及加固效果试验研究[D].北京：中国铁道科学研究院,2015.

[10]黄轩.曲线连续梁桥施工监控技术研究[D].兰州：兰州交通大学,2017.

[11]姜杰.高速公路简支 T 梁加固新技术研究[D].重庆：重庆交通大学,2009.

[12]李邦映,屈计划.大跨度连续梁桥病害成因分析[J].工程与建设,2016,30（03）：300-302+305.

[13]李邦映.预应力混凝土连续梁桥病害分析及维修加固设计[J].工程与建设,2015,29（03）：334-336.

[14]李峰.混凝土连续梁桥病害处治的探讨[D].广州：华南理工大学,2012.

[15]李刚.刚架拱桥加固技术的应用研究[D].重庆：重庆交通大学,2016.

[16]李善辉.桁架式桥梁检测车关键部件疲劳寿命研究及结构优化[D].秦皇岛：燕山大学,2020.

[17]李顺红,殷爱国,李庆主编.简支梁桥危桥评价与加固技术[M].郑州：黄河水利出版社.2019.

[18]李颖,张廉,唐颖栋.桥梁结构无损检测与评估研究进展[J].中外公路,2009,29（01）：147-153.

[19]梁冰.既有钢结构桥梁检测与加固技术研究[D].天津：河北工业大学,2014.

[20]刘宏宇.道路桥梁工程常见病害与养护对策[J].交通世界（建养.机械）,2015（06）：32-33.

[21]刘会超.预应力混凝土连续梁桥加固技术研究[D].西安：长安大学,2015.

[22]马晓冬.桥梁检测技术及发展趋势分析[J].绿色环保建材,2021（10）：81-82.

[23]秦海伟.基于图像处理的桥梁裂缝识别及测量[D].上海：上海交通大学,2020.

[24]宋子婧.公路桥梁建养一体化信息管理研究[D].南京：东南大学,2015.

[25]睢文文. 桁架式桥梁检测车臂架动态特性研究[D].徐州：中国矿业大学,2016.

[26]孙宏斐,夏晓华.桥梁检测设备浅析[J].中国设备工程,2021（18）：127-128.

[27]孙雷.桥梁检测与加固技术[D].西安：长安大学,2016.

[28]万魁.探究道路桥梁维修与加固施工技术[J].居舍,2019（36）：81.

[29]王宏.城市混凝土桥梁加固方案设计及综合优化分析[D].西安：长安大学,2019.

[30]王江超.道路桥梁检测技术的要点及应用探究[J].居舍,2020（34）：53-54+44.

[31]王艺霖.某高速桥梁施工及施工控制技术研究[D].济南：山东大学,2016.

[32]吴俊.桥梁的维修与加固[J].山西交通科技,2012（03）：66-67.

[33]谢开仲,陈光强主编.桥梁加固与改造[M].成都：电子科技大学出版社.2017.

[34]许越婷.桥梁混凝土索塔裂缝安全评估分析[D].重庆：重庆交通大学,2020.

[35]杨旭.大跨度预应力混凝土连续刚构桥施工监控技术研究[D].武汉：湖北工业大学,2018.

[36]尹永杰,曲磊.预应力混凝土连续梁桥的加固改造[J].工程与建设,2013,27（02）：256-258.

[37]于繁华.基于计算智能技术的桥梁结构损伤识别研究[D].长春：吉林大学,2008.

[38]禹鹏.桥梁监测中应变测试技术研究[D].重庆：重庆交通大学,2014.

[39]张博.结合有限元分析的钢结构桥梁检测与评估研究[D].重庆：重庆交通大学,2018.

[40]张光海主编;崔建伟,张向明,吴蓉副主编.城市桥梁养护指南[M].郑州：黄河水利出版社.2015.

[41]张宏祥,杜晓光主编.公路桥梁无损检测技术[M].哈尔滨：东北林业大学出版社.2006.

[42]张晖主编.公路与桥梁工程病害防治及检测修复实用技术大全[M].长春：长春出版社.1999.

[43]张俊平主编.桥梁检测[M].北京：人民交通出版社.2002.

[44]张亮亮.预应力混凝土空心板桥梁加固技术研究[D].武汉：武汉理工大学,2012.

[45]张苒.大型钢箱梁桥施工监控技术分析[D].邯郸：河北工程大学,2011.

[46]赵阳.探讨道路桥梁维修与加固设计及施工技术[J].化工管理,2018（03）：169.

[47]钟继卫,王波,王翔,汪正兴.桥梁智能检测技术研究与应用[J].桥梁建设,2019,49（S1）：1-6.

[48]周建涛.变截面连续梁桥体外预应力加固技术研究[D].南京：东南大学,2016.

[49]周润华.双拱拱桥加固研究[D].武汉：华中科技大学,2007.